U0566000

读懂投资 先知未来

舵手证券图书
www.duoshou108.com

大咖智慧
THE GREAT WISDOM IN TRADING

成长陪跑
THE PERMANENT SUPPORTS FROM US

复合增长
COMPOUND GROWTH IN WEALTH

一站式视频学习训练平台
WWW.DUOSHOU108.COM

舵手证券图书
www.duoshou108.com

赢在转势前：江恩周期理论在中国股市的应用

江恩小龙　著

山西出版传媒集团
山西人民出版社

图书在版编目（CIP）数据

赢在转势前：江恩周期理论在中国股市的应用 / 江恩小龙著. — 太原：山西人民出版社，2021.6

ISBN 978-7-203-11789-6

Ⅰ.①赢… Ⅱ.①江… Ⅲ.①股票投资—基本知识
Ⅳ.① F830.91

中国版本图书馆 CIP 数据核字（2021）第 077762 号

赢在转势前：江恩周期理论在中国股市的应用

著 者：江恩小龙
责任编辑：任秀芳
复 审：李 鑫
终 审：贺 权
装帧设计：王 峥

出 版 者：山西出版传媒集团·山西人民出版社
地 址：太原市建设南路 21 号
邮 编：030012
发行营销：0351-4922220 4955996 4956039 4922127（传真）
天猫官网：https://sxrmcbs.tmall.com 电话：0351-4922159
E-mail：sxskcb@163.com 发行部
　　　　sxskcb@126.com 总编室
网 址：www.sxskcb.com

经 销 者：山西出版传媒集团·山西人民出版社
承 印 厂：三河市宏顺兴印刷有限公司

开 本：710mm×1000mm 1/16
印 张：10.5
字 数：200 千字
印 数：1—5000 册
版 次：2021 年 6 月 第 1 版
印 次：2021 年 6 月 第 1 次印刷
书 号：ISBN 978-7-203-11789-6
定 价：38.00 元

目　录

第一章 江恩的生平及江恩理论简介

　　江恩理论的创立人威廉·江恩是 20 世纪最著名的投资家之一。江恩曾经说过："我们拥有天文学和数学知识，对市场进行几何分析，进而预测市场的未来走势。如果你学习时有所进步，而又证明你是值得教导的话，我会给你一个主宰的数字及主宰的字句。"可想而知，江恩理论包括了数学、几何、天文学及宗教，所以，不少人希望掌握江恩理论，但是因江恩理论对读者的知识储备需求比较高，苦无求学之门。

　　江恩于 1878 年 6 月 6 日出生在美国的德克萨斯州 Lufkino。在经历了交易初期的惨痛损失之后，江恩开始反思及研究，发现股市市场运动是有一定的规律及循环的。他开始明白，市场遵循某种数学法则和一定的时间周期。之后他开始更深入地研究把时间与价格完美结合起来的理论。江恩理论为人津津乐道，是因为他通过周期理论展示了惊人的预测能力。

　　江恩的交易技巧引起了《股票行情和投资文摘》杂志编辑理查德·威科夫的兴趣。在威科夫的访谈中，江恩提到，他发现了波动率法则，并且表演了他的交易技巧。在理查德·威科夫监督下的 25 个市场交易日里，江恩共进行了 286 次买卖，结果，264 次获利，22 次亏损，获利率高达 92.3%。

1919 年，江恩辞去了工作，开始了自己的咨询和出版事业，并且为读者提供市场走势预测，准确性之高让他愈来愈出名。江恩在事业高峰期成立了两家走势研究公司，分别为：江恩科学服务公司及江恩研究公司，出版多种投资通讯。江恩亦主持走势分析方法讲座。其中一次讲座向每位参加者收取 2500 美元；而另一个名为新机械式买卖方法及趋势指标的讲座收费高达 5000 美元，这在当时是天价。同时，江恩开始写作介绍他的方法，1923 年出了第一本书《股票行情的真谛》，又出版了《新股票趋势探测器》及《江恩华尔街 45 年》等多本著作，至今仍是技术分析爱好者必读的书之一。

江恩对占星学很熟悉，从他的分析中可以看到痕迹。江恩于 49 岁时写的于 1927 年出版的《空中隧道》更是字字玄机，本是爱情小说，但却侧面反映出江恩对天文学及占星学的了解。主人公 Robert Gordon 的生日 1906 年 6 月 10 日这天，出现我们中国人所说的五星连珠的星象相位，火星、木星、太阳、水星及冥王星集结在双子座 17°至 22°之间。在主人公出生两个月前，旧金山发生了大地震，一年之后棉花欠收，秋天又发生金融恐慌，这亦证明了江恩理论对于天文学及占星学的运用。同时，江恩的分析也包括了对很多世界局势的分析，他曾精准地预测了第一次世界大战结束，德皇退位及威尔逊与哈定总统选举的精确日期。江恩在第二次世界大战爆发的 13 年前，就准确预测了第二次世界大战。从这里也看到了占星学的踪影。

据江恩的朋友基利回忆说："1909 年夏季，江恩预测 9 月份小麦期权将会见 1.20 美元。可是，到 9 月 30 日芝加哥时间十二时，该期权仍然在 1.08 美元之下徘徊，江恩的预测看似错误。但江恩说：'如果今日收市时不见 1.20 美元，将表示我整套分析方法都有错误。不管现在是什么价，小麦一定要见 1.20 美元。'结果，在收市前一小时，小麦冲上 1.20 美元，震动整个市场。该合约不偏不倚，恰好在 1.20 美元收市。"

江恩在 1949 年出版了他的重要著作《江恩华尔街 45 年》。此时已是 72 岁高龄的他，披露了纵横市场数十年的取胜之道。其中，江恩十二条买卖规则是他操作系统的重要组成部分，另外，他还制定了二十一条买卖守则，严格地按照十二条买卖规则和二十一条买卖守则进行操作。

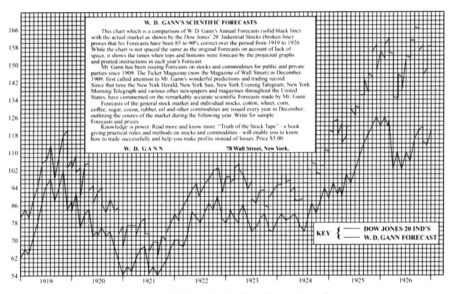

图 1-1 江恩的精准预测与市场真实走势相差无几

1954 年，江恩被发现患有胃癌，于 1955 年 6 月 18 日去世，享年 77 岁。1983 年，美国市场分析师联会把年度大奖颁发给江恩，由江恩的儿子约翰·江恩代为领受。

为江恩平反

江恩不时被人冠上骗子一词。很多人通过互联网搜索江恩的资料，会找到江恩一贫如洗的文章。原因是亚历山大·埃尔德在《以交易为生》

一书中谈及，他曾经访问过江恩的儿子。后者说，他那位著名的父亲根本没有能力靠交易为生，仅能够编写一些教材来养家糊口。死后只留下一栋房子，加上 10 万美金。

江恩的儿子约翰出生于 1915 年，死于 1984 年。江恩曾跟他的儿子共同研究工作，并成立了 W.D.Gann & Son,Inc.，并发布了一些研究成果。后来父子意见不合，各自发展自己的事业。亚历山大的《以交易为生》出版于 1993 年，他声称访问了当时担任波士顿银行分析师的约翰。时间是在 1984 年，也就是约翰去世的那一年。

书中引用江恩儿子的说法"江恩死后，只留下一栋房子，加上 10 万美金。"我们不知 1955 年汇价是多少，但是在 1955 年，美国最低工资约 0.75 美元～1 美元每小时，租一个公寓，每月租金约 50 美元，约 7000 美元可以在当时美国买一间屋；另一方面，10 万美元在 1950 年如果拿到香港，可以做什么？1930 年何善衡用了 1000 港元开创了恒生银行，成为创办人。根据维基百科，1950 年，李嘉诚用 5 万港元成立了长江集团；5 万港元可在香港买一整层的市区楼。

1968 年香港落成的太安楼一间房的当年售价大约是 17300 至 27000 港元，1968 年至 1978 年香港美孚新村一期的一间房的售价是 22000 港元起步。换句话来说，当时的 10 万美元可以让李嘉诚创业十次，买下当时的多层市区楼。1950 年拿着十万美元，换算今天的购买力约一百万美元。先不要论约翰·江恩跟亚历山大·埃尔德说父亲留下多少遗产是否属实，不如实告诉亚历山大·埃尔德也是人之常情，以免因"合理的税务安排"而引起官司。（美国遗产税税率从 18% 到 50% 不等）。单就 10 万美金来说，即使到今天也是一个不小的数目，绝对不能用一贫如洗去形容。

图 1-2　江恩

　　江恩在其著作《江恩华尔街 45 年》一书中提到利弗莫尔时写道："利弗莫尔当时正对默里·米切尔公司进行交易，后来这家公司倒闭了，因此损失得一干二净。在 1917 年赚到钱后，他不仅归还了我在默里·米切尔公司损失的那部分钱，而且把其他人的损失也一起补上。这是件光荣的事，而且因为利弗莫尔的正直和诚实，所以当 1934 年他再次破产时，我曾资助过他，并说服他人集资帮他渡过难关。"利弗莫尔曾经沽空美股并引发华尔街股市大崩盘，银行家 J.P. 摩根曾致电利弗莫尔请求他停止沽空，告诉利弗莫尔恐怕整个股票市场即将被摧毁。随后华尔街股市因利弗莫尔大手平仓而止跌。如果此事是真，那你相信江恩当时借给利弗莫尔的是很小数目的群众集资吗？

　　江恩的"骗子"之名，很大程度上是因为江恩理论从未全面系统性地公开，令后世对江恩理论有了不同演绎。又因为江恩理论的复杂和神秘，很多人未掌握江恩要领，却将复杂方法制成课程出售，误人子弟。这就像诺贝尔发明了炸药，初心是开矿修路，却被野心家用于战争。

第二章　江恩时间周期导论

为什么我们要学习周期？

在美国投资界与巴菲特齐名的霍华·马克斯，其所联合创办的橡树资本管理公司成立时间超过二十年，平均复合报酬率高达 19%。霍华·马克斯在新书《掌握市场周期》中提出掌握市场周期的一个智慧法则："我们相信以下两个概念：法则 1，多数事物都有周期。法则 2，在其他人忘记法则 1 时，就是产生获利和亏损的最大机会。""我们应该要学习辨识身处在周期的哪个位置，并且试着去'掌握市场周期'。"

> 在敬畏市场的同时，请敬畏周期。
>
> ——小龙

中国很多投资者都沉迷行业分析、财务面及基本面等，但肯定无法回答你一个问题，到底在什么时间买／卖、什么价位买／卖一只股票。我在下面跟大家分享一个例子。

其中一个最重要的财务比率去量度股市的价值则是市盈率。市盈率（PE）常用来量度大市或个股估值，计算方法是现时股价除以每股盈利，得出一个"倍数"。一般认为，PE 的倍数愈低，大市或个股的估值便愈便宜，理论上吸纳的价值也愈大。参考恒生指数过去历史数据，20 倍的市盈率及 10 倍以下的市盈率似乎是大盘抄底逃顶的重要指标。所以有人提出恒生指数每次跌穿 10 倍市盈率可能是一个抄底或长线吸纳的良机；相反，每次向上突破 20 倍市盈率可能是逃顶重要指标。

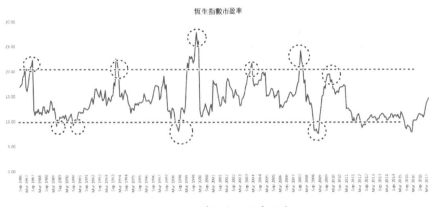

图 2-1　香港恒生指数市盈率

但事实上先不说你操盘下决定的时间是否受市场气氛影响判断，我先举一个例子：10 倍市盈率与 9 倍市盈率分别在恒生指数上可能已经是几千点的距离。而恒生指数很多次尝试逼仓跌到 8 倍市盈率，但对于投资人来说这绝对是恐怖的经历。读者如果盲目相信财务指标，随着股价下跌买入股票，将很有可能被套牢。

在日常的股市评论及分析报告中，你一定看过关于预测美国是否会推出量化宽松、政府之后政策如何或者今年会加息几次的分析，但结果市场的预测都是错误的。或者大家用了很多时间去分析一些难以量化及标准化的问题，因为大家都是靠猜测及运气去预测一些事件会如何发生。

而目前的技术指标，如 MACD、KDJ 等都具有滞后性。所以必须要有前瞻性的预测才能战胜市场。

近百年来，历史上不少经济学家尝试判断经济周期。从 1900 年起，西方国家开始研究周期的规律。最终，经济学家达成共识，认为经济的兴衰枯荣存在着周期性的规律。同样，作为经济晴雨表的股票市场也存在着周期规律，如同江恩所说，"当时间到达，成交量就会推动价格升跌"。所以交易者要学习周期，完善自己的操作方法及系统。

自然界法则及周期

股市及经济的运动，表面看似毫不关联的碎片，在结束混沌状态后，却会有机地汇集成一个整体。而金融市场亦是如此，看似毫无关联，混乱无节奏，实际上是受自然法则影响。在貌似随机变化的金融交易市场也一定存在着这种小尺寸的有序运动。当我们把这些看似毫无关联的碎片整理后，就会发现隐含在股市之中的秩序，我们称之为"周期"。

市场波动遵循了一种周期的韵律。"周期"一词最早出现在中国古代著名数学家李治（金末元初）的《敬斋古今注》一书里："阴阳相配之物，而老少又必相当。乾之策，二百一十有六，老阳也。坤之策，百四十有四，老阴也。老阴老阳相得为三百六十。则周期之日也。"经济学家朱格拉、基钦、库兹涅茨等相继发表了经济周期理论，试图表示出股市及经济之间的周期韵律。

> 股市是投资者无数次博弈之后得出的结果，但投资者是大自然的一部分，所以必然委身于宇宙总规律。
>
> ——小龙

作为宇宙一分子的人类、股票市场也必然符合宇宙总规律，只是各种事物在不同的时间和空间加入各自所在系统参与宇宙的运动，导致参与某个系统运动的循环起点不一样，在某个特定空间和时间内，本系统内的构成元素貌似杂乱无章。实际上，却是有规律可循。

时间的排列，恰好跟斐波那契所提出的神奇数字或斐波那契数列（0、1、1、2、3、5、8、13、21、34、55、89、144、610、754……）的分布相同。

在历史事件中，发生的时间排列也经常呈现有规律的螺旋数学关系。以美国独立战争为例，1776 年发表《独立宣言》，美国正式宣布独立；1781 年英军投降；1783 年，英国承认美国独立；1789 年，华盛顿成为美国第一任总统，及 1810 年南美殖民地开始独立战争等存在黄金比率的关系。排列恰好跟斐波那契数列一样。

所以如江恩所言："只要找到正确起点，你就可以推算未来。"

中国股市有周期吗

很多读者都问周期理论是国外的东西，那中国股市有周期吗？这是肯定有的，当然不能完全把国外的周期直接放在中国的股市上，因为每个股市都是独立的生命体，它们有自己的周期及规律。所以在本书开始之前，我会先跟大家展示一下中国的股市周期及规律。

国外的经济理论及中国股市周期

自 1900 年代开始，西方国家开始重视周期规律，最终，多位经济学家得出共识，在经济的增长或衰退过程中存在一个长期的规律，太阳之下无新事。

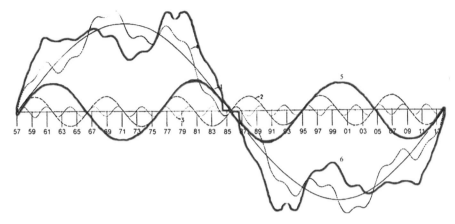

图 2-2　经济周期

　　1930 年，美国经济学家库兹涅茨提出了一种与房屋建筑相关的经济周期，这种周期平均长度为 20 年。这也是一种长周期，被称为"库兹涅茨"周期，也称建筑业周期。法国经济学家朱格拉于 1862 年出版了《法国、英国及美国的商业危机及其周期》一书，提出了资本主义经济存在着 9—10 年的周期波动，一般称为"朱格拉周期"。熊彼特把这种周期称为中周期，或朱格拉周期。汉森则把这种周期称为"主要经济周期"。由经济到自然界，一切都看似无序，事实上是有规律的。

　　爱德华·杜威，号称周期循环分析之父，是很多周期研究机构的奠基人。他认为最具可靠性的循环是 9.2 年和 3.83 年。爱德华生于 1895 年，卒于 1978 年，毕生致力于研究周期（不局限为经济周期），1931 年被美国商务部任命为首席经济分析师。他试图寻找 1929 年和 1930 年美国经济大萧条的原因，1940 年在匹兹堡组建了历史上最早从事周期研究工作的基金会。以下是爱德华一些关于周期的图表。

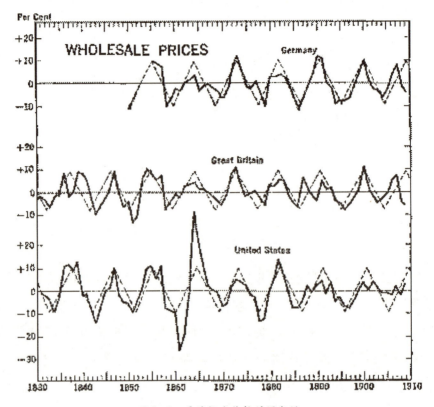

图 2-3 平均批发价格的周期性

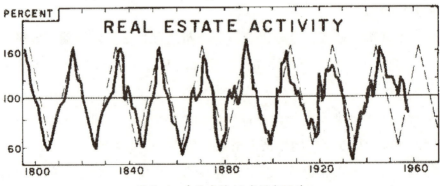

图 2-4 房地产的 18 年周期活动

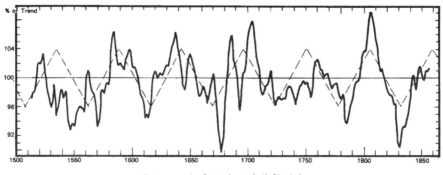

图 2-5 欧洲 54 年小麦价格周期

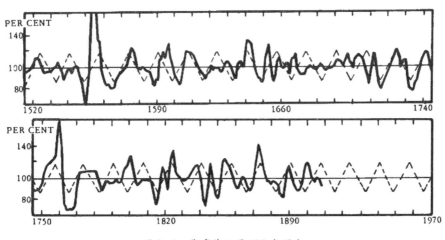

图 2-6 费城降雨量 450 年周期

　　我们可以将经济周期分成长期经济周期、中期经济周期及短期经济周期。那读者会问，中国股市或经济有经济周期吗？我们先论股市周期，再论房地产周期。

　　在江恩的周期理论之中，30 年周期循环是理论中核心之一。我们做预测时间可以将 30 年周期再做出分割，其中包括了：

● 30 年周期

● 22.5 年周期——（360×6/8）

● 15 年周期——（360×4/8）

● 10 年周期——（360×1/3）

❀ 7.5 年周期——(360×2/8)

假如我们将 30 年周期循环，运用到推算股市周期，将会有惊人发现。以 1987 年香港股灾为例，7.5 年之后 1994 年再次发生股灾，1994 年股灾是因为 1993 年时外资红筹炒作热潮，1994 年美国接连加息 7 次导致大跌。15 年后，约 2002 年—2003 年，发生禽流感，令股市大跌。到 22.5 年即 2009 年，金融海啸令恒生指数跌到谷底。而 30 年后恰好是 2017 年，当时恒生指数亦发生了牛市之后于 2018 年下跌。

30 年周期用于上证指数中，亦有惊人的发现。在下图，1992 年上证指数出现了上海股市成立之后的第一个顶部。之后通过江恩三十年周期推导的 7.5 年规律，预计 1999 年将出现另一个顶部。而 15 年后 2007 年见牛市大升浪的顶部。22.5 年之后 2014 年恰好是 2015 年大牛市上升前的起点。而 30 年后，即 2022 年相信是另一个高点或低点。

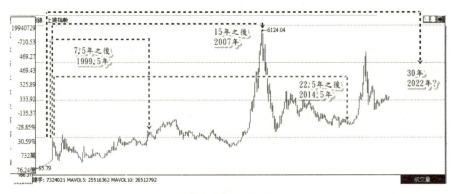

图 2-7　30 年周期应用在上证指数

几句俗语"十年人事几番新""十年黄金变烂铜"和"十年河东转河西，莫笑穷人穿破衣"，形象地描绘了十年周期循环的景象。

1862 年，朱格拉在《法国、英国和美国的商业危机及其周期》一书中，首次提出市场经济存在着 9—10 年的周期波动。贝纳在《未来价格涨跌的商业预言》发表了商业价格的最高点遵循一种重复的8—9—10年模式。十年周期循环也占了江恩理论中很重要的地位。

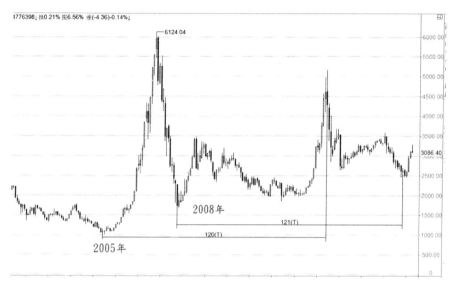

图 2-8 上证指数 120 个月周期

　　以上证指数为例，上证指数于 2005 年见 998 的低位，120 个月后（十年）刚好在 2015 年见了牛市的高点，2008 年 10 月见了 1664 点的低位后，121 个月后见了 2018 年的最低位置。

　　图 2-9 表明上证指数亦是同样受制于 52 周循环周期，周线图中于 2007 年 10 月的顶部开始与其后低位相隔 52 个星期，此后的每 52 个星期，都会产生转势。如大盘见顶或见底。

　　再以上证指数周线图为例，以"7"的周期循环 7 星期，我们发现，由 2015 年高点开始 7 周期循环及其倍数，即 14、21、28、35、42、49、56、63 及 70 周，都发现相对的转势。

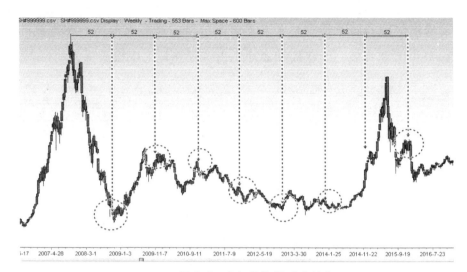

图 2—9　上证指数 52 星期周期

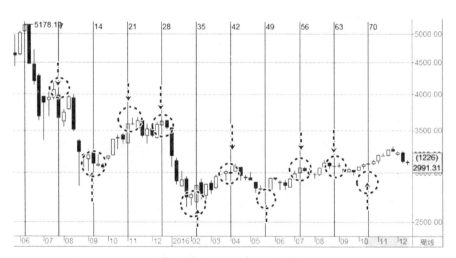

图 2—10　上证指数 7 天周期

上述股市转势到底是巧合还是偶然？

在这里，大家可以思考一个问题，股市的升幅是因为近日事件驱动，还是在之前的某一个时间点发生了高低点之后的股转势（周期）？所以，中国的股市是有周期性的，只要找到正确的起点，就可以找出之后的转势时间。

中国房地产经济周期分析

江恩理论分析中国房地产经济周期

图 2—11

　　我们可以利用江恩的 30 年周期及朱格拉周期等方法，在正确的起点，包括 1978 年及 1998 年的起点，去分析中国房地产市场的走势。

表 2—1　中国房地产经济周期

1978 年改革开放		1998 年城镇住房制度改革	
1988 年 (10年)	1987 年，深圳市第一次以拍卖方式协议出让国有土地使用权。 1988 年，修改宪法令土地使用权可以依法律的规定转让；四大国有银行成立房地产信贷部。	2005 年 (7.5年)	一系列调控楼市的措施：包括首个针对房地产调控的政策《关于切实稳定住房价格的通知》（"国八条"）清晰传达了对房价上涨过快的忧虑。"保证中小套型住房供应""打击炒地""期房禁止转让"；或对个人购买住房不足两年转手交易的，销售时按其取得的售房收入全额征收营业税等。

1993 年 （15 年）	1992 年，海南房地产泡沫；1992—1993 年，非理性炒作令央行采取严厉的货币政策及信贷条例。海南、广州等地出现大量烂尾楼。	2008 年 （10 年）	2008 年金融海啸，2008 年 1—11 月，房地产企业销售额低于投资额 7285 亿元。2008 年，大部分城市楼价都有明显的回调。
1998 年 （20 年）	在东南亚金融危机的影响下，中国经济硬着陆，政府于 1998 年实施的一项城镇住房制度改革，确定改革的方向为城镇住房的市场化、货币化、商品化，令住宅产业成为中国大陆新的经济增长点和支柱产业。	2018 年 （20 年） 2020 年 （22.5 年）	2018 年房地产市场回归理性。2018 年全国限购政策大致分为 7 类：限价、限购、限售、限贷、限商、限企、限地，2018 年已出现多地土地流拍情况。 2020 年，世界处于新冠疫情的笼罩之下，但是"房住不炒"的精神先后现身于权威会议、央行报告和两会报告，楼市处于严格的调控当中。
2008 年 （30 年）	2008 年，在全球金融危机的影响之下，中国大陆的大部分城市的楼价都出现了显著的回调。		
2018 年 （40 年）	2018 年，在"房住不炒"定位和因城施策、分类调控指导下，各地政策持续加码，成为历史上房地产调控最密集的一年。由于严厉的调控，楼市降温。		

在这儿不是回顾过去，通过图表读者不难发现当时间到了，相关的事件就会发生。过去中国三十年中，当遇及江恩的三十年周期，房地产价格便会转势。由另一起点 1998 年起步，同样在 2005 年（7.5 年）、2008 年（10 年）发生转势。

所以读者看完以上的例子，读完此书之后你会明白：虽然人们难以精确地预测未来，但了解周期，可以提升你预测未来的能力。对于许多投资者来说，周期和时间转势日都是非常新的预测系统，笔者愿意在不同的渠道跟大家分享心得。

第三章 关于经济学家对经济周期的研究及理论

康德拉季耶夫周期理论

康德拉季耶夫周期理论是考察资本主义经济历时了50—60年的周期性波动的理论。1925年，前苏联经济学家康德拉季耶夫在美国发表的《经济生活中的长波》一文中首先提出。

康德拉季耶夫是苏联著名的经济学家及统计学家，被称为"长波理论之父"。他利用大量的数据，运用历史、经济理论与统计学分析相结合的方法，整合了超过140年关于经济数据的资料，发现了经济存在一定的周期规律，是一个约50—60年的循环。这也跟中国的历法六十年一甲子有相似的地方，是小龙经常提及的江恩三十年周期的两倍。

康德拉季耶夫长波理论中，把60年的经济周期分为上升、平台、下跌

图 3-1 康德拉季耶夫

三个阶段。其中，上升浪为 18—20 年，平台浪为 7—10 年，下跌浪为 18—20 年。其后的经济分析师对康波理论作出研究及补充，他们认为经济呈现 50—60 年的周期波动，有以下几种可能：

1. 由于科技创新发明令经济产生增长或衰退；

2. 货币的供应及货币政策的改变，从而带来价格变动；

3. 战争及地缘政治等因素。

图 3-2 中，展示了熊彼特在《经济发展理论》中三次对康波长周期的分类：

（1）"长波" I—从大约 1783 年到 1842 年，是所谓"产业革命时期"，这个周期的基本特征是蒸汽机的发明，是由手工制造变成工业化的时期。

（2）"长波" II—从 1842 年到 1897 年，是所谓"蒸汽和钢铁时代"或"铁路化时代"，蒸汽机成为主要的动力，而且大量的铁路化让交通运输更便利，让经济大幅增长。

（3）"长波" III—从 1897 年开始（当时这个"长波"尚未最后结束），是所谓"电气、化学和汽车时代"，大量新发明出现，使一般家庭应用全面电子化及机械化，如汽车普及。

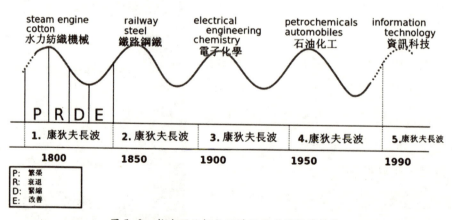

图 3-2　长波理论框架下近现代世界经济趋势

有人认为长周期的存在和太阳黑子活动的周期有关，这在周金涛的文章中有提及过。我们在本书中也会提到太阳黑子的理论。

周金涛 2016 年来杭州参加由上海清算所等举办的第 30 期清算所沙龙——"2016 年债务融资工具专题"活动。他在演讲中提道：

"太阳黑子周期的循环就是 55 年到 60 年最长循环，20 年一个海尔循环，20 年当中包含一个 10 年的施瓦贝循环，然后包含一个厄尔尼诺循环圈，所以厄尔尼诺就是经济中的库存周期………"

康德拉季耶夫认为，生产技术的创新、战争和地缘政治、新市场扩张、资源的发现等因素都是导致长波运动的根本原因。但在周期的尾段生产扩张使得资本急于寻找新的市场及新的原料，由此将造成国际关系紧张，从而发生战争。如中国《易经》所讲"物极必反"道理如出一辙。

中国人将一个甲子定为 60 年，孔子曰："吾十有五而志于学，三十而立，四十而不惑，五十而知天命，六十而耳顺，七十而从心所欲、不逾矩。"五十而知天命，其实是指人生在五十岁时已经知道今生命运是如何。康德拉季耶夫的 60 年一个周期，跟人生也是一样的。其实，人生起起伏伏很正常，经济及价格变动也是一样。资产价格有周期，没有不跌的资产。聪明的投资者会利用周期，例如，巴菲特提出，在经济的萧条期，买入有高安全边际的投资，才能安居乐业。

虽然"人生发财靠康波"，但是普通投资者没有足够的资源和资料去研究康波，并利用成果去股市赚钱。小龙提出"人生发财靠康波，炒股发财靠江恩。"虽然都是预测周期，但江恩理论预测月、周或日级别的周期拐点比较完善，所以相比较而言，在炒股时更容易操作。

库兹涅茨周期理论

图 3-3　西蒙·史密斯·库兹涅茨

西蒙·史密斯·库兹涅茨是俄裔美国经济学家，亦是诺贝尔经济学奖获得者。库兹涅茨在担任研究员期间对经济周期进行广泛研究，并出版了《生产和价格的长期运动》一书。

在书中提到经济的循环是以5—25年为周期的长期波动。这种波动体现在美国的许多经济活动中，而且在建筑业中的循环表现得特别明显，这可能是因为经济跟房地产是息息相关的，所以库兹涅茨周期也称为建筑业周期。在书中提到经济体系是不断变化的，这种变化存在一种持续、不可逆转的变动，即"长期运动"。

他根据美、英、法、德、比利时等国19世纪初叶到20世纪初期工、农业60种主要产品的生产量和35种主要产品的价格变动的时间数列资料，剔除其间短周期和中周期的变动，着重分析了有关数列的长期消长过程，提出了在主要资本主义国家存在着长度从15年到20年不等、平均长度为20年的"长波"或"长期消长"的论点。

弗雷德·哈里森房地产18年周期

经济学家弗雷德·哈里森是最早发现房地产周期存在的人之一。他追溯了几百年的经济数据，得出结论：一个完整周期的平均长度为18年，一个周期分为四个不同的阶段。

第一阶段，价格走势见底的开始一般是缓慢的 1—7 年复苏上升阶段。由于前段价格下跌的幅度之大，很多资金都被吸引重新进场，这些投资者高收益率租金的利润提供足够的安全边际，所以他们愿意在市场低迷下买资产。随着愈来愈多投资者入市，推动价格逐步上涨。因此这是正在巩固的信号。

第二阶段，早期投资者可能会在价格上升之后先行获利，这一行为会让此价格在周期中段出现小幅下滑。

图 3-4 弗雷德·哈里森

第三阶段，价格狂热达到顶峰，或者称为"赢家诅咒"阶段。因为下一次衰退已经不远了，很多人认为房价已经不会再回调，但一旦周期完结，所购买的资产就会大幅贬值。而通常在这一阶段会有一些信号，如一些过分乐观的想法，如楼市永远不会下跌等，及很多人在楼市投机。

第四阶段，价格衰退阶段，信用的崩溃而让市场恐慌卖出，令价格暴跌。过度投机及借贷人破产，引发了一波又一波的被迫抛售，从而进一步压低了价格。

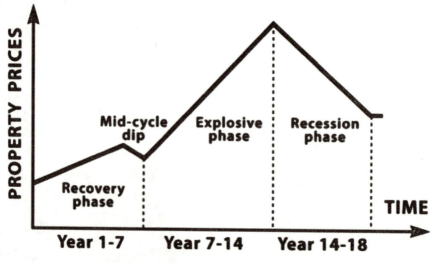

图 3-5　房地产 18 年周期

爱德华·杜威周期

爱德华·杜威有"周期循环分析之父"之称。1931 年被美国商

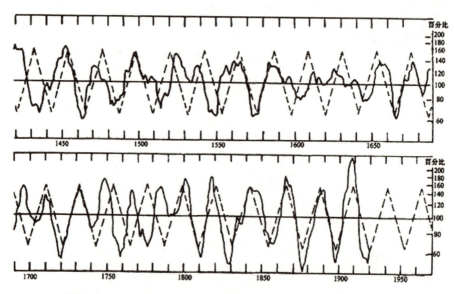

图 3-6　1415 年到 1930 年期间的国际战争爆发的周期 22.20 年

务部任命为首席经济分析师，毕生致力于研究周期（不局限为经济周期）。其后他出版了《周期：触发事件的神秘力量》一书，在书中提及了不同的周期，包括但不限于：大西洋鲑鱼丰收年份9.6年，从1415年到1930年期间世界战争的爆发周期22.20年；从1527年，太阳黑子的活动平均周期11.11年。另外，书中还介绍了几种经济周期，地产是18.33年，股市是9.2年。

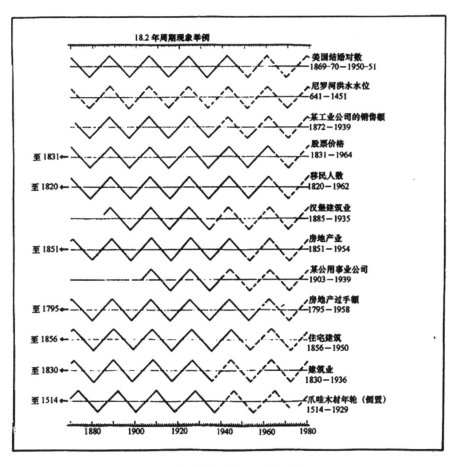

图3-7 图中均为18.2年周期

朱格拉周期理论

"十年人事几番新"，十年无疑是一个非常重要的周期。法国医生克莱门特·朱格拉曾提出十年为一循环的经济周期，名为朱格拉周期。

图3-8 克莱门特·朱格拉

1862 年，朱格拉出版了《法国、英国及美国的商业危机及其周期》，提出了十年为一个循环的经济周期理论。他在书中率先了解到"经常性的危机不单纯只是一些独立的意外，而是重复及周期性显现经济有机体的先天不稳定性"。他由于研究人口、结婚、出生、死亡等统计开始注意到经济事物存在着有规则的波动现象。

他在研究之后得出结论，认为社会经济运动的三个阶段是繁荣、危机与萧条。这三个阶段经济发展的反复出现就形成了周期现象。朱格拉指出危机是已发达的工商业中的一种社会现象，周期波动是经济自动发生的现象，而非完全可以利用某种措施缓和，他认为，政治、战争、农业欠收以及气候恶化等因素并非周期波动的主要根源。

那么，十年周期跟中国股市有没有关系？答案是有的。下图 3-9是深圳成指的月线图，如果由 2005 年 4 月的低点开始计算 120 个月，你会发现刚好是 2015 年牛市的最高点；同样的方法应用在浦发银行（60000），如果把 2007 年的最高点作为起点往后推 120 个月，你会发现 2018 年年初的最高点。

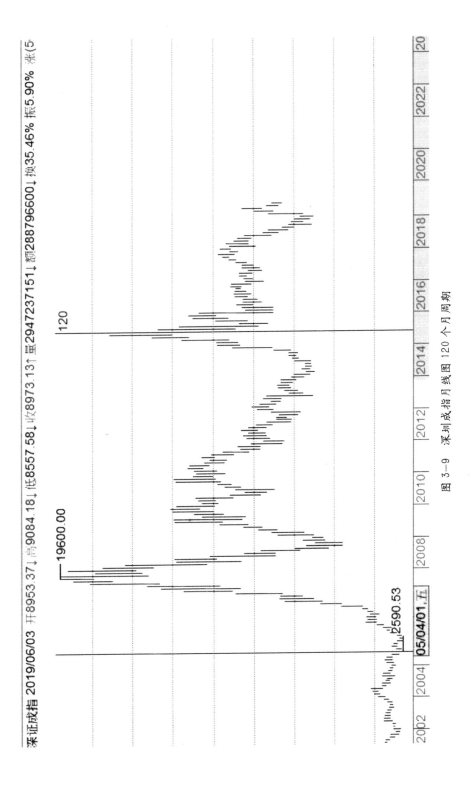

图 3-9 深圳成指月线图 120 个月周期

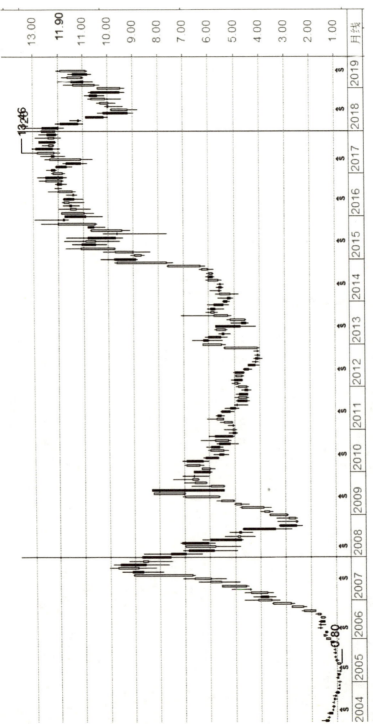

图 3-10 浦发银行 60000, 120 个月后再见顶

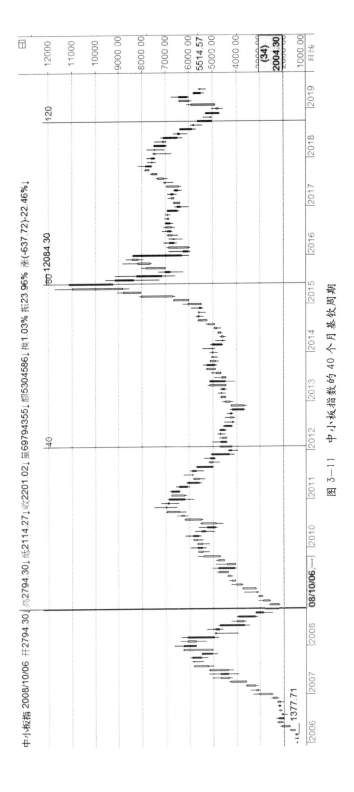

图 3-11　中小板指数的 40 个月基钦周期

基钦周期

基钦周期又称"短波理论"，1923 年，美国的约瑟夫·基钦在《经济因素中的周期与倾向》中，根据对物价、生产和就业统计资料的分析，之后综合了各种数据而认为资本主义经济的发展，每隔 40 个月就会出现一次有规律的上下波动。

这一理论被经济学家熊彼特吸收。他把基钦周期作为分析资本主义经济循环的一种方法。熊彼特使用存货投资的周期变动、创新的小型起伏、特别是能够快速生产出来的设备的变化，来说明基钦周期。他认为 3 个基钦周期构成 1 个朱格拉周期，18 个基钦周期构成 1 个康德拉季耶夫周期。

在图 3-11 中你可以看见，中小板指数的 40 个月基钦周期，40 个月其实即是 120 个月的 1/3，即完整 3 个 40 个月基钦周期就是一个朱格拉周期。所以读者可见，中小板指数是受基钦周期及朱格拉周期影响的。

第四章　江恩周期理论

对于江恩的思想和方法而言，江恩的周期学说具有最为重要的意义，富有价值。江恩认为，时间是决定趋势变动最重要的因素。他用各种方式来衡量时间，包括自然界的循环、周年日、季节性、波动循环与日期四方形。时间因素占了决定性的位置。江恩常说"当时间到达，成交量将推动价位升跌"。"已有的事必再有，做过的事必再做，太阳之下无新事"。

江恩是如何计算转势日及周期的？他会利用图形来预测头部、底部与趋势变动的发生时间。而时间的推算是交易者最想学习又最难理解的技巧。在开始之前，我们先去看江恩对时间所写的文章《时间的因素》：

我花了20年的时间去反复学习和发现这个时间循环原理，认为事件的发展及变化是依照时间的影响，时间将决定所有。时间背后所隐藏的因素将是我永远的秘密，并且因为它太珍贵太有价值而不能广泛散播，而且公众也没有心理准备去接受这个原理，即使我决定公开解释了，一般人仍不会明白或确信她。但我可以告诉大家的是，时间的背后所存在的因素与万事或万物内在的自然序列有关。

水由高处往低处流，即使强行用泵使它流动到更高的水位，但是当你停止时，它仍然返回到从前的水位去。当你明白了这个道理后，将会发现：股票市场也是同样的道理，即使炒作及资金强制使股价超过它们自然的价值水平，投资者将像一群失去警惕的小羊羔变得很有激情，迫切希望在顶部买入。但在这之后股票又开始坠落到一个可以使你的信心崩溃及绝望的水平上，疯狂追涨的乐观情绪变成了失望与恐惧的心理。这逼迫你不得不卖出手中的股票并承担损失。通过股票和期货市场中的供求规律，以及我对时间因素的发现，使我能预先知道这一切在什么时候一定会走到尽头。

时间因素与价格因素是和谐的关系。依照两者之间的关系，我能知道特定时间的特定价位。知道相对的时间拐点是很初级的，提前数月甚至一年判定趋势转折的具体性质和价格幅度才是我的优势。这些是秘密，或者说还不是时候将她公开。不过在适当时候，将会由他人传播或推动我的方法，即使这样也只会有少数人能熟悉并接受她。

《圣经》说："江河都往海里流，海却不满。江河之水归回本源，循环流转。""日光之下无新事"。江恩很快就注意到，股票市场和期货市场的价格起伏中呈现出周而复始的周期性循环。根据这种现象，江恩得出结论，自然法则是市场运动的基础。他专注地研究自然法则，将其应用到投机市场中。经过对相关科学的周密分析和调查，江恩发现波动法则使他能够精准地确定某些位置，在这些位置，股市和期货市场价格将在给定时间内上升和下降。自然法则是永恒的，她是万事万物的法则，这是没有人能够改变的事实。

> 时间永远超越价格，当时间到了，价格及相关事件就会发生。
>
> ——小龙

江恩说得明白，他指出时间背后所存在的因素与万事或万物内在的自然序列有关。"已有的事后必再有，已行的事后必再行，日光之下并无新事。"任何事情都按照固有的周期循环发生，人类的生活、股票市场全无例外。宇宙万物都处在周期性循环运动之中。当你站在正确的起点上，知道再现历史的那种循环，那么预测100年甚至1000年将会同预测1年或者2年一样简单。

江恩时间周期的重要性

世界上的万物都有自己特定的运行法则。历史会重复发生的，即使历史不会简单重复，但是它们也会有一定的规律及相似事件发生。太阳之下没新事！只要在正确的起点，那你就可以预测将来。不管人类的社会生活、历史事件还是股票市场都无一例外。任何准确的分析都离不开时间！

江恩在1927年出版过一本叫《空中隧道》的小说，并为小说拟定副标题：自1940年的回顾。这本书既是爱情小说，也隐藏着市场的逻辑。它将第二次世界大战之前各国的纷争，与股票、期货市场中的事件编织在一起，作为这部小说的背景。匪夷所思的是：他的预言与随后在第二次世界大战中发生的许多事情有着惊人的一致！江恩在该书的序言中强调，这是一本充满隐喻的小说，只要阅读至第三次，便会发现隐藏的市场秘密和暗示都变得清晰起来。

在书中他提到，在计算股市及期货市场时，首先要研究市场的历史，找出市场周期之所在，然后根据以往市场的波动，预测未来市场走势的轨迹。

循环理论及数学序列正是预测股市未来走势的重要因素。他在《空中隧道》中写道：

"宇宙所有事情都是处在时间周期循环运动之中，不论是具体的还是抽象的，物质的还是精神上的，乃至包括你脑海中的想象也会构成循环，并发生在你的身上。"

"我预测股票期货或任何未来事件的方法是根据其历史，去分析及了解我们正处于什么样的循环当中，并利用结果去指出其未来的轨迹。未来不过是市场运动的再现。"

"如果你站在正确的起点上，又知道现在身处历史的哪个循环，那么预测100年甚至1000年将会同预测1年或者两年一样简单。"

"时间是最重要的因素。时间的量度基于地球自转轨迹。包括了四分钟循环是最小的循环之一，是事物不断重复自身的最活跃的一种频率。其原因首先是地球每自转一度需要经历四分钟；二十四小时循环，是地球完成一周自转需要的时间，也是一天的循环；一年循环，是地球绕太阳一周的时间。其次，一年出现四季的变化，这属于次级的循环。留意一点，建立在这些次级循环基础上的主要循环一般长达100年甚至5000年。若要确定大的事件和重要的变化，那你最少需要回顾1000年以证实循环的存在。"

那如何证实周期循环的存在？江恩在《空中隧道》中有提及：

"什么是100年循环的证据呢？那就是寻找100年前发生的事情与过去几年内发生的事情进行比对。例如：美国1814年至1922年曾发生过粮食欠收、战争和黄热病。而且在1819年至1822年尤为严重。其中，1821年波斯尼亚暴发了痢疾。一百年后的美国也暴发了可怕的传染病。同时，欧洲的俄国发生饥荒、痢疾和各种致命的传染病令到很多人死亡。所以我们分析周期必须要回顾100年的历史，这使我们可以发现更多的100年循环的证据。"

所以历史会不停重复，这不仅是自然界的法则，更是能套用在任何股市及经济循环之中。而我们会在书中证明股市的走势是按时间周期有规律地运行。本书会通过江恩的方法，特别是江恩天文学的方法，来寻找市场的时间拐点。

江恩周期的概念

市面上的交易系统以量度价格为主要基础，对于时间的描述可以说是一片空白。所以对于未来，或远至三天、一星期或一年之后完全是没有方法去提前预测的。江恩认为周期是在自然定律中互相交替，而且可以分成主要和次要周期，并且表现为正、负和中性。因此，在周期中也必定有短期、长期和中期以及周期中的周期。江恩根据这个思想设计了市场周期的轮中之轮、周期角度线、比率等。而江恩理论主要利用几何、数学及占星学的理论及慨念发展出一套能预测时间、价格及走势的独特系统。

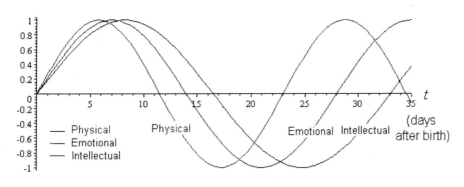

图 4-1　如《空中隧道》所言，人的情绪、智力和体力也呈周期性变化

江恩说："在自然定律中，有主要、次要，有正、负和中性之分。因此，在周期中也必定有短期、长期和中期，以及周期中的周期。正如《圣经·以西结书》所述：轮中之轮。"江恩根据这个思想设计了市场周期的轮中之轮、周期角度线、比率等，试图以此将市场的短期、中期和长期周期加以统一的描述，并且将周期、价位和空间也统一起

来，以把握市场价格的波动轨迹。

江恩认为当时间与价格形成了特定的比率，将会发生时间与价格的共振而产生转势。时间像频率的振荡，皆以循环、和谐、比例运行。大周期里包含着附属的小周期，并居于主导地位。一个大周期里面，有大大小小的中小周期在同步地运行。甚至在小周期的每个浪段里，又有更为细小的周期在同步地运行。在金融市场中，股价或指数的波动，会同时受到大周期和小周期的影响。循环有大有小，有长期、有中期、亦有短期。因此，循环中又有循环，互相重叠，轮中有轮。

江恩理论认为，大周期（长期周期）必定比中期及小的周期重要。假如大周期是向下周期，即使中期及小的周期是向上的周期，只是表示此时有机会在下跌浪中反弹，最后仍然是敌不过大周期的力量。如 100 年的周期一定比 60 年的周期重要，60 年周期一定比 5 年的周期重要。

江恩周期正确的起点

江恩经常强调正确的起点，他曾说过："如果你站在正确的起点上，又知道再现历史的那种循环，那么预测 100 年甚至 1000 年将会同预测 1 年或者两年一样简单。"他还说过："我告诉你，我预测未来循环的时候，强调最重要的事情是要有一个正确的开始。如果我们有一个正确的开始，我们就将得到一个正确的结束。如果我们知道结果的起因，我们也就不会对未来的事件和结果有任何的疑问。我总是在寻找事件的原因，一旦我确认了原因，我就可以肯定我预测未来事件的结果。"

那什么是正确的起点呢？

历史性大顶及大底是起点

在中国股市中，有很多历史的大顶及大底曾经发生。以深证成指为例，如果要找历史性大顶，必是以 2007 年与 2015 年的大牛市顶部作为起点。（图 4-2）

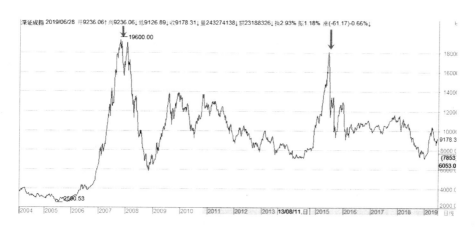

图 4-2　深证成指历史性大顶

重要性大顶及大底是起点

什么叫做重要的顶部？每一年或者每一个波段都有顶部或底部，它们在整个指数或股票的走势中可能是其中一个拐点，但不至于是历史性的拐点。同样用深证成指为例子，2009 年深证成指见底后，股市反弹于 2009 年 7 月见到一个中途反弹浪顶部，那就叫重要性大顶。（图 4-3）

所以在江恩理论中，读者可以以重要性及历史性的大顶或大底作为起点，推算周期及之后的江恩转势日。

图 4-3 深证成指重要性的大顶

江恩转势日

江恩转势日，国内有人称为时间窗、变盘日、时间拐点等。对应的英文名称是 time window 或 turn day 等。小龙研究了江恩的原著，决定将江恩的这个时间术语译为"江恩转势日"。另外，小龙发现，当转势日出现，有时价格不但不会反转，还会顺着原先的趋势大幅前进。所以，小龙专门提出了自己的"小龙江恩转势日"，提醒读者注意风险，不要一听到转势日就冲动下单。

> 预测不到的事，不必花时间去预测，因为时间的因素占了决定性的位置，我们要关注的只是江恩转势日，因为当时间到达，成交量将推动价位升跌。
>
> ——小龙

江恩经常说："当时间到达，成交量将推动价位升跌。"在长期走势中，我们大多会用上 10 年、30 年的周期去判断。但对于小龙及投机者来说，特别是期货投资者经常都会作短线买卖，而在短线买卖中，我们经常要利用江恩理论去计算江恩转势日，从而判断日线级别的走势。

什么是江恩转势日？当股票或期货的价格处于江恩转势日，走势会产生方向的反转或者沿着早先方向急速突破。江恩转势日指：

1. 指数或商品向某一个方向（向上／向下）运行，在转势日会产生方向的反转。

2. 指数或商品向某一个方向（向上／向下）运行，在转势日急速向原有方向突破。

> 当你熟悉了江恩转势日后，你能够于一星期前、一个月前或者一年前，就计数未来的转势日，如江恩所说预测 100 年和预测 1 年一样容易。
>
> ——小龙

当你熟悉了江恩转势日后，你将能够于一星期前，一个月前或者一年前，就计数未来的转势日。你会发现，当转势日到了，相关的消息或股票会突然产生急剧的变化。对于短线交易者，特别是期权及期货的交易者来说，什么时候下注是重要及关键的。而江恩转势日恰好提供一个很好的参考，让交易者完成交易系统对"时间"的分析。小龙经常发表文章，如 2017 年是牛市或 2018 年是熊市，各时间点很多是提前一年、一个月或几天发布，准确度令众人啧啧称奇。而计算江恩转势日的方法有很多，以本书作为引导，将会通过舵手图书直播平台等通道跟大家交流。

江恩的圆形与周期

江恩理论的精要是，在所有的市场因素之中，时间因素占了决定性的位置。江恩经常说"当时间到达，成交量将推动价位升跌""已有的事必再有，做过的事必再做；太阳之下无新事"。江恩认为，时间是决定走势变动最重要因素。他以各种方式来衡量时间。江恩圆形是江恩几何中的基本图形。

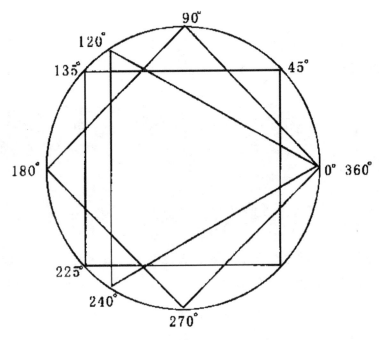

图4-4 江恩的周期圆形

大周期之中，有中周期或无数的小周期，就如一个人的一生运程起伏，离不开命运，而散户唯一可以改变的就是交易的方法，建立有效的交易系统。

——小龙

所有的周期理论都提出"循环之内一个大周期之中，有中周期或无数的小周期。环环相扣，互相影响"。如经济学家熊彼特认为，1个康德拉季耶夫周期大约包括 6 个朱格拉中周期和 18 个基钦短周期；1 个中周期中包含约 3 个短周期。长周期是对中周期起制约作用的因素，并影响着中周期借以发生的背景。中周期繁荣和萧条的程度，受到长周期特定阶段的影响。中周期与短周期之间也有类似的关系。

因此，交易者只要找到正确的起点，就可以通过本书教导的方法作出周期分析。江恩用"圆形"作为分析时间周期的工具，利用圆形巧妙地建立起价格运动与时间的关系，他认为这种关系主要来自自然法则和《圣经》的启示。例如，地球自转一周为 360°，每四分钟旋转 1°，因此最短的周期可以是四分钟；地球自转一周需要二十四小时，那么二十四小时也可以视为一个重要的周期。

江恩把他的理论用按一定规律展开的圆形、正方形和六角形来进行表述。他认为较重要的循环周期有：

短期循环：1 小时、2 小时、4 小时、……18 小时、24 小时、3 周、7 周、13 周、15 周、3 个月、7 个月；

中期循环：1 年、2 年、3 年、5 年、7 年、10 年、13 年、15 年；

长期循环：20 年、30 年、45 年、49 年、60 年、82 或 84 年、90 年、100 年。

本书会在下面跟大家分析一些重要的周期循环。当学习之后你会感叹，原来今年是升市或跌市早已注定。

江恩 30 年周期

中国以六十年一甲子作为一个完整的循环，但江恩理论中更重视 30 年周期循环。

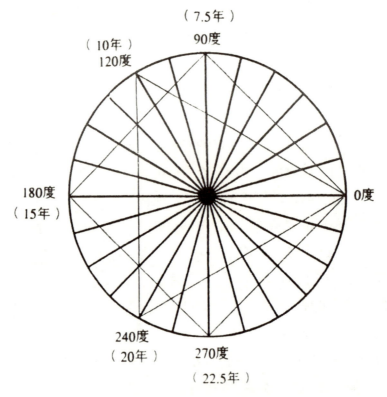

图 4-5 30 年周期的江恩圆形

30 年周期是江恩分析的重要基础（见图 4-5），因为 30 年共有 360 个月，这恰好是完成 360°周期的完整数字。所以如果将江恩 30 年周期放在圆形之中，每一度等于一个月。显然，30 的倍数或对其进行 2/8、1/3、4/8、2/3、6/8 的江恩分割后我们会得到下列江恩长期周期、中期周期和短期周期：

90 年周期 360×3＝1080°

60 年周期 360×2＝720°

30 年周期 360×1＝360°

22.5 年周期 360×6/8＝270°

20 年周期 360×2/3=240°

15 年周期 360×4/8=180°

10 年周期 360×1/3=120°

7.5 年周期 360×2/8=90°

30 年周期循环是理论中的核心之一。同时 30 年亦是接近土星运行的周期，土星围绕太阳一周，共 29 年 167 日。因为土星紧缩、阻碍以及停滞的影响，象征一个人的恐惧与困难。所以对于经济的发展亦是决定性的。这就是为什么江恩强调 30 年周期。

土星周期跟江恩百分比分割完全一样：

● 30 年周期——土星回归

● 22.5 年周期——土星 270° （360×6/8）

● 15 年周期——土星 180° （360×4/8）

● 7.5 年周期——土星 90° （360×2/8）

日本近年也有人提及 30 年周期。笔者在网上得见一篇文章名叫《30 年周期》，作者古贺伸明提到 30 年周期对日本的影响。他把日本的经济发展以 30 年周期做了分割：

1. 正如 1900—1930 年的日俄战争所象征的那样，日本作为当时的新兴国家，与世界先进国家一起崛起，成就"30 年的繁荣"。

2. 1930—1960 年是战争时代"30 年的毁灭"。

3. 1960—1990 年是经济高速增长的时期，工业的发展令日本经济成长，成就了"30 年的繁荣"。

4. 1990—2020 年是 30 年的破坏，经济泡沫破灭令日本经济迷失了几十年，所以是"30 年的毁灭"。

笔者亦公开在香港财经杂志上，利用江恩的 30 年周期预测过股市 2017 年会发生牛市。当时写道："我们以 1987 年香港股灾作为起点，7.5 年之后 1994 年再次发生股灾，1994 年股灾是因为 1993 年时外资对红筹炒作热潮，1994 年美国迭连加息 7 次导致大跌。至于 15 年后，约2002—2003年，发生禽流感，导致股市大跌。到22.5年即2009年，金融海啸令恒生指数跌到谷底。而30年恰好是2017年。

30年周期用于上证指数中，亦有惊人的发现。在图4-6，1992年5月上证见了成立后第一个顶部。之后利用江恩30年周期发现了7.5年后，即1999.5年出现另一个顶部。而15年后的2007年，见到了牛市大升浪的顶部。22.5年之后的2014年恰好是2015年大牛市上升前的起点。而30年后，即2022年相信是另一个高点或低点。

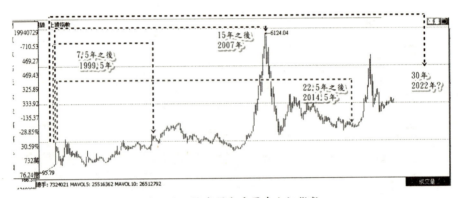

图4-6　30年周期应用在上证指数

如果时间由其他重要的年份开始一样推到2017，2009年的7.5年后，即2016.5年，2002—2003年+15年即2017—2018年，1994年+22.5年，即2016.5年。在此我大胆做出预测，即2016.5年可能见底位后上升及2017年的恒生指数可能会有牛市，但2018年将会是熊市。

同时，许多商品期货的价格也确实按照30年周期运行。例如，江恩发现棉花期货就遵循这一规律。棉花期货在1864年创下历史最高价，30年后的1894年则到达价格最低点。另一例子就是现货黄金对美元的价格。图4-7中现货黄金对美元在1982年7月到底之后开始推360个月，在2012年7月前后出现历史高点。

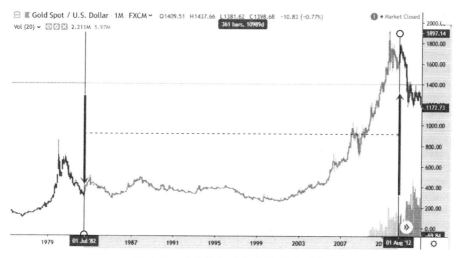

图 4-7 现货黄金/美元的 30 年周期

江恩 10 年周期

法国医生克莱门特·朱格拉曾提出 10 年一个循环的朱格拉周期。1875 年贝纳曾写过一本书名为《未来价格涨跌的商业预言》提出商品及股市不停重复 8—9—10 年见顶规律。江恩对 10 年周期也十分重视（见图 4-8），发现多种市场以 10 年周期运行。几句俗语"十年人事几番新""十年黄金变烂铜"和"十年河东转河西，莫笑穷人穿破衣"，恰好指出 10 年周期循环的精要。

我们再将 120 个月分割，会得出以下月份：

● 120 个月的 1/3=40 个月

● 120 个月的 1/4=30 个月，亦即两年半

● 120 个月一半是 60 个月 = 即 5 年

● 120 个月的 1/8=15 个月

● 120 个月的 1/16=7.5 个月

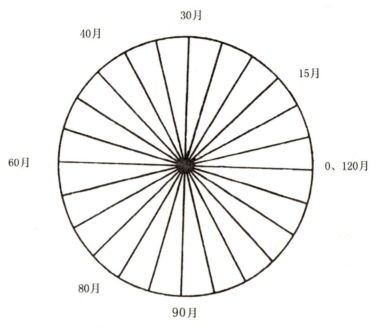

10年循环可细分为15、30、40、60、80、90及120月周期

图 4-8　10 年周期的江恩圆形

10年周期又可被认识为市场价格的重现。例如，以一个市场顶部为起点，10年后将出现一个新的市场顶部；以一个市场底部为起点，10年后将重现一个市场底部。例如上证指数在图4-9中，将2005年的998底点作为起点，120个月后股市正是2015年大牛市的最高位。

10年周期在占星学及周期的理论中占非常重要的地位，例如朱拉格周期就是10年周期。为何在占星学中10年周期非常重要？首先，土星周期为30年，1/3就是10年；木星周期约是12年；太阳黑子的周期约为11年。所以10年周期对于研究周期的人来说是非常重要的。而土星及木星作为经济扩张及紧缩的代表，会每10年相遇一次。因此，2020年将是它们又一个十年之约到期的时间。

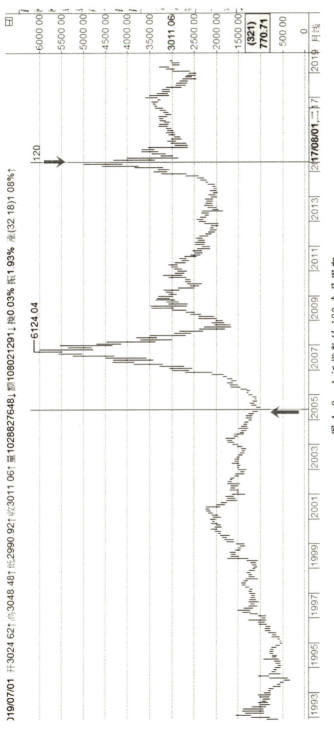

图 4—9 上证指数的 120 个月周期

江恩 5 年周期

《易传·系辞》有"五为成数""五为数母"。所以五年亦是市场的重要转折点。江恩认为 5 年周期中同样包括了 2—1—2 等规律。10 年周期按照 5 年上升 5 年下降规律运行，根据江恩的经验：5 年升势中有 2 年上升，1 年下跌，2 年上升完成前 5 年周期；5 年跌势中有 2 年下降，1 年反弹，2 年下降完成后 5 年周期。因此，在前一个峰顶或谷底之后的第 59—60 个月要注意价格出现转折。

如果 10 年周期有效，那 5 年周期必有效果。120 个月的一半，即是 60 个月，符合江恩 50% 的准则。中国认为六十年一甲子是一个完整的循环，很多人以为六十甲子代表着 60 年，其实在中国历法中，六十甲子代表着 60 个时间单位。可以是 60 天，60 个月。注意，60 个月正好是 5 年。

图 4-10 以平安银行（00001）为例，在 2007 年 10 月见顶之后，

平安银行 2019/07/01 开14.01↑ 高14.28↑ 低13.69↑ 收13.92↑ 量4152948↓ 额581673↓ 换2.42% 振4.28% 涨(0.14)1.02%↑

图 4-10 平安银行的 60 个月周期

每 60 个月再见一个顶部。

再以图 4-11 中集集团（00039）为例，中集集团股价在 2007 年 10 月见顶后，时隔 60 个月见底，第 120 个月接近见另一个顶部。

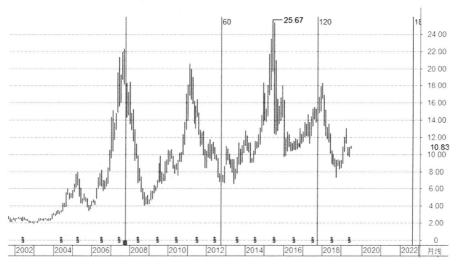

图 4-11　中集集团的 60 个月周期

江恩 "7" 的周期

江恩出身于基督教家庭，《圣经》中反复出现的一些数字对他影响很深。"7" 是其中一个重要的数字。《圣经》中说上帝用 6 天时间创造了世界，把第 7 天定为休息日。所以江恩也十分看重数字 "7"，认为 "7 天" "7 周" "7 月" "7 年" 都有可能是某种股票、期货的内在周期。江恩主要从以下三方面揭示了数字 "7" 的神秘。

恒生指数 7 年的周期

我们以恒生指数 1973 年开始套上 7 年周期，有惊人的准确性。在 1973 年，恒生指数因为石油危机引发股灾开始大跌，于 1973 年

10月开始由高位大跌76%。7年后，即1980年美国经济衰退，恒指于11月开始大跌25%。其后，1987年（香港停市），1994年（美国加息），2001年（911恐袭）及2008年（金融海啸）等都发生股灾。而笔者恰好是利用这7年周期在2015年预测到恒生指数发生高位的时间。

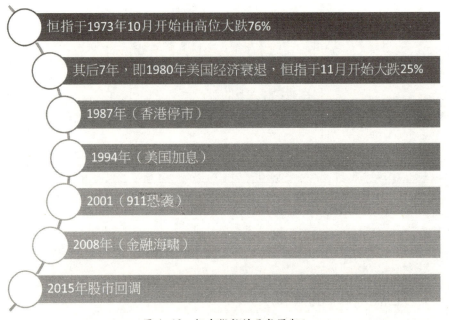

图 4-12 恒生指数的 7 年周期

逢 "7" 必升？

研究恒生指数可以发觉，其逢"7"必升。回顾历史发现，港股及美股平均每10年都会升到顶部，且均与"7"有关，1987年环球股灾前恒生指数升至3950点，升幅53.8%，1997年亚洲金融风暴前恒生指数到14758点历史高位以及2007年升到3万点的新高。（图4-13）

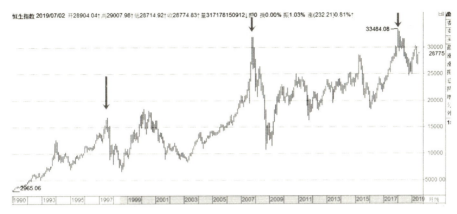

恒生指数 2019/07/02 开28904.04↑ 高29007.98↑ 低28714.92↑ 收28774.83↑ 量3171781509121↑ 额0 换0.00% 振1.03% 涨(232.21)0.81%↑

图4—13 恒生指数在7字尾的年份都是升市

笔者当年公开在香港各大媒体网站中以"如果2017年是牛市"看好2017年的市场,而各大媒体网站则表示"逢7为跌"并不看好,以下是笔者当时写的文章(刊载于2016年10月8日《香港经济日报·智富杂志》赢在转势栏目)节录:

今期出版时笔者正值外游,所以笔者本星期将会写一些比较长线分析。江恩理论中,认为圆形是一个完整周期循环,圆的特点是"周而复始",由圆周的任何一点起行,最终都回归到起点。在江恩的周期理论之中,30年周期循环是理论中核心之一,利用周期推论2017年及2018年将是重要转折的年份。

以1987年作起点,利用30年周期不同的江恩分割,得出7.5年(1994年)、15年(2003年)及22.5年(2009年)都不约而同发生股灾,而第30年恰好是2017年。而如果时间由其他重要的年份开始都一样推到2017年,2009年的7.5后,即2016.5年,2002—2003年+15年即2017—2018年,1994年+22.5年,即2016.5年。

另一个方法由1987年10月作为起点,每约120个月将会见到恒生指数一个牛市的高点,包括1997年(120月后)、2007年,如果一直推下去将会见到 2017 年 10 月。而如果利用神奇数字作推算，即由 1、1、2、3、5、8、13、21、34、55，以 2016 年 2 月作起步点，第 21 个月即 2017 年 10 月；同样由 1997 年作起点开始推算 21 个月即计算出 2018 年。那么在统计上，2017 年有机会见一个高点或牛市，而 2018 年是熊市的可能性是存在的。

一星期后再发了一篇，题为《如果 2017 年是牛市 2》，以下是节录：

昨日朋友跟我笑言我是全城最大的看空的人，但事实上我可能是全城中少数几个看对走势的人。笔者多次提出几个年份，包括 2016 年、2017 年及 2018 年。上星期本栏亦指出"2017 年有机会见一个高点或牛市，而 2018 年是熊市的可能性是存在的"的假设，产生极大地回响，很多朋友电邮给笔者希望我再为 2017 年或之后高点做一些预测。

当年我公开分享如何用更多方法预测以年计算的大周期。且江恩曾指只要找出一个正确的起点，你预测一年或十年同样简单。而笔者已经在 2016 年 10 月预测 2017 年及 2018 年是熊市的可能性。

7 天周期

在江恩的文章中，我们发现他对"7"的重视。江恩的六边形时间理论提到，在六边形里最开始的位置是 1。其后走 6 个循环后结束，第二个循环距离开始的位置增加了 6，这使第二循环是以 7 作为结束的位置，这也表示了 7 在这里可以代表重要的月／年／周／日，而 7 是礼拜日，正好是上帝安排的安息日。（图 4-14）

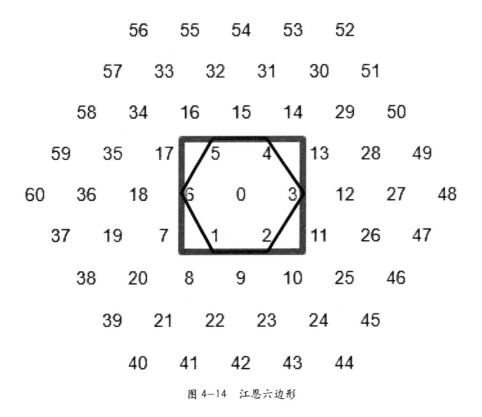

图 4-14 江恩六边形

《圣经》上说"上帝用 7 天创造了世界";约书亚在第 7 天安排 7 个祭司绕行耶利哥城 7 周,攻陷了这座世界上最早的城市;西方用 7 天作为一个星期,而中国亦重视"7",如人死后,亲属每七天设斋会祭奠一次,前后七次,共七七四十九天。而佛教亦认为,人死了该往何处去,在四十九天之中就会有答案。《地藏经》云:"若能更为身死之后,七七日内,广造众善……"这意味着 7 天是一个重要的周期。

另外,月亮从新月到望月,再从望月返到新月,平均需时 29.53 日,即月相变化周期是 29.53 日,将这个周期四等分则是 7.38 日。所以,江恩非常重视 7 日的变盘。图 4-15 是上证指数,我们在 2016

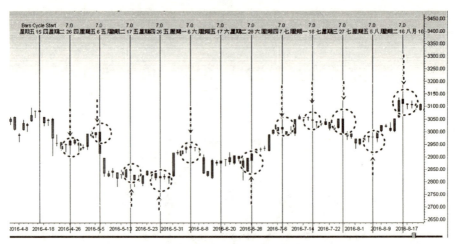

图 4-15　上证指数 7 天周期循环

年 4 月 15 日的高位开始计数，以"7"日为周期循环或其倍数。发现
其中很多时候上证指数每"7"个交易日都会产生转势。图 4-16 是
上证指数由 2018 年 1 月 28 日高点画出的 7 天自然日变盘周期。

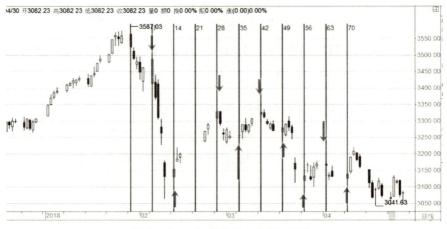

图 4-16　上证指数 7 天自然日周期

7 的倍数

7 天、7 周、7 个月来分析市场的走势，因为"7"是江恩理论中当见的周期数字。我们可以发现在价格最高或最低点之后，经过 7 天或 7 周常常会发生趋势的转折。而 7 的倍数，如 14、21、49、63—65、90—91、180—182 等等更是重要的江恩周期。而我们发现在中国股市中 77 的周期也一直是一个有影响力的周期。

以图 4–17 深圳成指为例，读者可见深圳成指由 1996 年的底位开始，每 77 个月都产生转势。如在 153 个月之后 2009 年的金融海啸后的底位，231 个月后见到 2015 年的最高点。

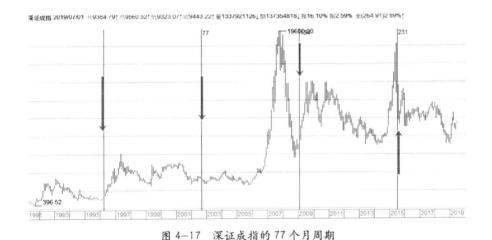

图 4–17 深证成指的 77 个月周期

神奇数字 144

艾略特在发明波浪理论时，发现了股市的波动是以 8 浪、34 浪和 144 浪等循环模式发展。而 144 的数字在宗教、数学及占星学能经常见到，现列如下：

在《圣经》中经常出现 1440 这个数字，这也引起了江恩的注意。1440 的数字与启示录 7 章和 14 章所讲的 144000 人和启示录 21 章 17 节所讲圣城的城墙厚度是 144，即"12×12"肘，又连在一起了。

● 144 小时即是 6 天（144 个小时，即是 24×6=144）；

● 它是第 12 个平方数，同时也是 12 的平方，及第 12 个斐波那契数；

● 斐波那契数当中最大的平方数；

● 第 47 个十进制的哈沙德数；

● 第 79 个十进制的奢侈数；

● 木星公转周期是 142 月，对应神奇数约 144。

以下是中小板指数的 144 个月周期，中小板指数从 2006 年 1 月开始推算 144 个月，正好是 2018 年 1 月的高点，之后回调。

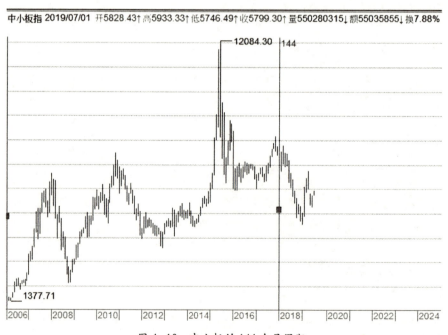

图 4-18　中小板的 144 个月周期

再以中小板指数作为例子，中小板指数从 2008 年 1 月的高位开始推算 144 个星期，可以找到 2008 年 11 月的高位。

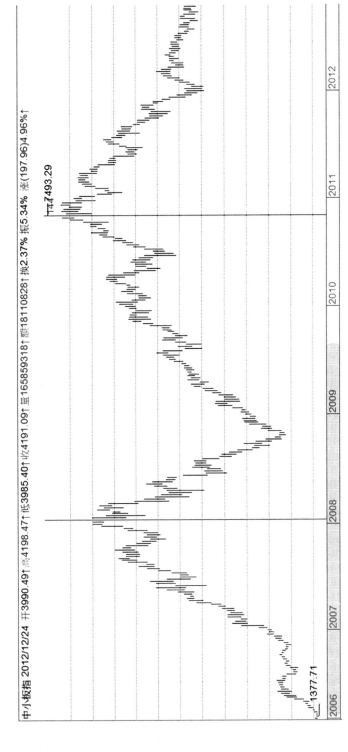

图 4-19 中小板指数 144 个星期周期

波动率法则及江恩转势日

在江恩理论中，江恩提出了一个全新的概念——波动率法则，他在《股票行情与投资文摘》杂志的监督下进行了高胜算的实战表演，取得了巨大成功，于是应邀在该杂志上介绍了他的方法，其主要内容就是波动法则。以下是江恩对于波动法则的论述：

"在过去的十年中，我将所有的时间和精力都投入到投机市场上。像许多人一样，损失了数千美元，并经历了市场的起伏。如果初学者在没有足够相关知识的情况下进入市场，就会遇到这种情况。这种情况是不可避免的。

我很快意识到，所有成功人士，无论是律师、医生还是科学家，都要花大量时间研究和调查他们遵循的目标和专业，然后才能从中获利。

成为管理大型账户的经纪人后，我获得了普通人很少有的机会来研究投机市场成功和失败的原因。我发现90%的交易者没有掌握相关知识就进入了投机市场，最终亏损。

很快，我开始注意到股票市场和期货市场的价格定期波动。基于这种现象，我得出结论，自然规律是市场运动的基础。然后，我决定专注于研究自然法则，以便能够应用于投机市场，并将最大的精力投入到投机市场。这是一个有利可图的职业。经过对相关科学的仔细分析和调查，我发现振动定律使我能够准确地确定给定时间段内股票市场和期货市场价格上下波动的某些位置（波动低点和高点）。

波动率是价格波动的原因，它可以让你显著领先于华尔街并获得预测结果。大多数交易者都承认这样的事实：只有理解了价格波动的成因，才能避免屡屡受损。

正确定义适用于市场的波动率法律几乎是不可能的，外行可以通过以下描述掌握一些原理。在我看来，电波定律是无线电波、无线电话和摄像头技术所基于的基本定律。没有这个定律，上述发明将是不可能的。

为了验证上述观点的正确性，我不仅努力工作了多年，而且还在纽约的阿斯特图书馆和伦敦的大英博物馆度过了九个月零七个晚上的时间，阅读了 1820 年以来的股市记录，我研究了 Jay Gould、Daniel Drew、Commodore Vanderbilt 和其他华尔街交易者的操作记录。

自从 E.Harriman 时代以来，我已经测试了 Union Pacific 的市场。可以说，在华尔街历史上，哈里曼先生是所有交易商中最杰出的。数据表明，无论哈里曼先生是有意识的还是无意识的，他都严格按照自然法则运作。

对市场历史记录和大量统计数据的分析表明，股票价格明确受某些规则控制，因此存在着周期性的定律（上升周期和下降周期），这是所有价格变动的基础。观察结果表明，在交易市场（牛市）中异常活跃的交易通常在一段时间的不活动（熊市）之后发生。

亨利·霍尔先生在他最近的书中花了大量时间描述"繁荣与萧条的周期"，他发现一定时间间隔的可重复性。我使用的规则不仅定义了这些长期周期，还定义了短期周期，甚至定义了每小时内的股价波动。我可以确定市场将在哪里受到支持以及在哪里遇到最大阻力。

那些与市场密切接触的人会注意到潮起潮落，即股价波动。有时，市场会变得非常活跃，从而创造出更高的成交量。在其他时间，相同的股票可能几乎保持静态，只有很小的成交量，非常不活跃。我发现波动法则支配并控制着这些情况。我还发现，在某些阶段，波动率法则主宰着股市上涨，在某些阶段，波动率法则主宰着股市下跌。

我发现股票市场的和谐与非和谐关系已经成为市场的驱动力。所有市场行为的奥秘都是显而易见的。通过我的方法，可以确定每个股票价格的波动，花费一些时间进行分析，在大多数情况下可以确切地说出在某些情况下股票价格将如何变化。

确定市场走势的能力来自于我对每种股票特征的了解以及我对特定类别股票恰当波动率的掌握。股票是有生命的电子、原子和分子，它们倾向于根据各自的基本波动规律来维持自己的个性。科学告诉我们："任何一种原始力量最终都会分解为周期性或有节奏的运动，就像钟摆摆动中再次回到原始位置、月亮回到自己的轨道上、来年梅花重新开放一样，春天又来了，随着原子本身重量的增加，元素的性质会周期性地重新出现。"

经过广泛的调查研究和应用，我不仅发现各种股票价格的波动，而且发现控制股票价格的驱动力也处于波动状态。这种波动能力只能通过它们对股票价格和市场价值的影响来反映。市场中的所有波动或运动都是周期性的，它们确实会根据周期性规律发生变化。

科学发现了这样一条规则："元素的性质是原子重量的周期性函数。"一位著名的科学家表达了这一点："我们确信不同领域的各种自然现象通过数字紧密相连。这些数字不是随机的、无序的或偶然的，而是有规律的和周期性的。变化和发展也以各种形式波动。"

因此，我相信，无论是自然界还是股市中的每一种现象，都受宇宙中因果关系与和谐关系法则的控制。每个结果都有恰当的理由。

如果我们想改变投机市场的失败局面，必须探究原因。每一种存在都基于精确的比例和完美的关系。自然界没有选择，因为作为最高标准的数学原理为世界上的一切奠定了基础。法拉第说："除了数学的力量，宇宙中空无一物。"

波动性是根本，任何存在都无法逃脱这一规则。它是普遍的，所以它可以应用于地球上的各种现象。

根据波动法则，市场上的每只股票都在不同的范围内波动，比如不同的波动率、不同的交易量和不同的价格方向。运动的基本性质是由它自己的波动率来描述的。

像原子一样，股票是能量的真正核心，所以它们受数学定律的控制。股票形成它们自己的运动范围和动力，也就是吸引和排斥的力量。这种力量的原理解释了为什么某只股票在某个时期引领市场，而在其他时期却"沉默不语"。因此，科学推测必须遵循自然规律。

经过多年耐心的研究，我想我已经证明并完全满意了。同时，我也向其他人展示了波动法则，它解释了市场中各种可能的阶段和情况。

江恩认为股市亦是生命体，万物皆有一套更高的法则去运行，而只要找到正确的起点及关键的线索，就能得知未来时间及价格的转势日。从而明白周期循环变化。我们可以通过江恩理论预测未来时间转势日，提早知道未来周期的变点。

江恩当时说："很快我就开始注意到，股票市场和期货市场的价格起伏中呈现周期性循环。根据这种现象我得出结论：自然法则是市场运动的基础。然后我决定，专注地研究自然法则，以便能够应用到投机市场中，以最大的精力投入到投机市场，这是个利润巨大的职业。经过对相关科学的周密分析和调查，我发现波动法则使我能够精准地确定某些位置，在这些位置股市和期货市场价格将在给定时间内上升或下降。"

波动法则控制着股市涨跌的节奏，它的存在使股票市场像音乐一样节奏分明而又反复出现，如行云流水般充满了和谐的美感，不停地回旋、和谐、韵律，按比例运行。

我认为股市也是一个独立的生命，股市生命轨迹呈螺旋线性展开。股市基因在空间上记录为价格，或记录为波浪之间的比率。比如 0.618—0.382、0.236—0.764、0.809—0.191 等。这些比率在股市生命的繁衍过程中，不断地重复出现——顽强地表现基因遗传的特性。每个股票都有自己独立的波动频率，它是股票生命的来源，也是驱动股票上升或下降的动力，而且是有规律及可预测的。

所以如果波动率是存在的，只要通过研究过去的历史和过去的市场波动，我们就可以预测出未来的股票市场波动。通过了解什么时候曾经出现过最大的上涨，什么时候出现极大的恐慌和下跌，就能够找出时间周期，以便观察主要和次要的走势如何变化，便可以预期未来将发生什么。

波动法则及乐理

交易者与音乐爱好者Petter Amundsen曾发表过一篇文章，从乐理角度去解开"波动率法则"之谜。他认为，江恩理论与乐理正好一脉相承，两者皆以"波动率法则"为根基。如表4-1所示，DO(C)、RE(D)、MI(E)、FA(F)、SO(G)、LA(A)、SI(B)七个音阶中，频率上存在比率关系：D约是C的一又八分一倍或E约是C的一又四分一倍。当频率逐渐变化到一倍、两倍、三倍、四倍或八倍的比例都会产生共鸣。亦恰好是波动率法则。之后又再发展成江恩百分比及江恩角度线。

表4-1 音符频率

音乐名称	音符	频率
Do	C	523
Re	D	587
Mi E	E	659
Fa	F	698
So	G	784
La	A	879
Si	B	987

乐理的和谐：频率及预测股市

如果江恩理论与乐理正好一脉相承，那乐理可以去预测股市走势吗？回答是可以的。因为很多时候音频中暗藏了很多比率，十二平均律每个音的频率为前一个音的2开12次方，即1.059463094359295倍。如莫扎特的《D大调奏鸣曲》，它的第一乐章全长160小节，若用小节数乘以黄金分割比值，即160×0.618=98.88，曲子的再现部位恰恰位于第99小节，正好在黄金分割点上。

如何利用音符频率预测股市？笔者讲一个简单的方法抛砖引玉。参照表4-1的音符频率，由高点或低点作起点，之后按照频率变作日数就可以计算之后的江恩转势日。具体可以与笔者在直播中交流。

波动率的计算方法

如何计算且获得波动率成为学习江恩理论的关键，亦是如何绘画江恩线的核心内容。一直以来江恩的波动率计算方法一直没有一个官方的答案。以下我会介绍几种江恩的主要追随者计算波动率的方法。

1. 代入固定整数与比例

有部分江恩的追随者认为，江恩部分教材多次利用一天上升一美元去绘画江恩线，所以提出按商品及指数价格按比例地代入波动率。

恒生指数的比例为：

（1）月线图：一月代表一百点或五十点；

（2）周线图：一周代表一百点或五十点；

（3）日线图：一日代表一百点或十点。

对于个别股票比例则为：

（1）月线图：一月代表一元或五角；

（2）周线图：一周代表五角或一角；

（3）日线图：一日代表五角或一角。

上证指数的比例为：

（1）月线图：一月代表一百点或五十点；

（2）周线图：一周代表十点；

（3）日线图：一日代表十点。

2. 以每段波浪的波幅及时间计算波动率

而下面将会介绍两种不同的计算波动率的方法，包括利用低点—高点或高点—低点确定波动率及利用低点—低点或高点—高点确定波动率。

（1）利用低点—高点或高点—低点确定波动率。

利用低点—高点或高点—低点确定波动率计算波动率的方法，是在其中一个波段，找出波段最显著的低点及其后该波段显著的高点计算中间的价格距离，再除以两个点之间的距离，反之亦然，即找出波段中最显著的高点跟低点计算中间的价格距离，再除以两个点之间的距离。

上升波动率=（其后显著的高点－最显著的低点）／两点之间时间距离

下降波动率=（显著的高点－其后最显著的低点）／两点之间时间距离

（2）利用低点—低点或高点—高点确定波动率。

这个计算波动率的方法，是在其中一个波段，找出波段最显著的高点及其后该波段显著的高点计算中间的价格距离，再除以两个点之间的距离，反之亦然。此方法假如计到负数，将它化为正数便可。

上升波动率=（其后显著的低点－最显著的低点）／两点之间时间距离

下降波动率=（其后最显著的高点－显著的高点）／两点之间时

间距离

江恩角度线

江恩宣称："当时间与价位形成四方形时，市运趋势的转折便迫近眼前。"表明角度线并非一般意义上的趋势线，而是根据时间与价格的两度空间的概念，形成了独特的分析体系。

未来仅是过去的重复，没有什么新的东西。如《圣经》所说："已有的事，后必再有。"历史会重复的。江恩曾说过："我们使用三种角度去测量时间和价格：垂直角、水平角和斜对角。我们应用奇偶数的平方值，不仅证明了市场的活动，更借此揭示了市场波动的原因。"而江恩曾经指出，一旦你完全掌握了几何角度线，将能够解决一切问

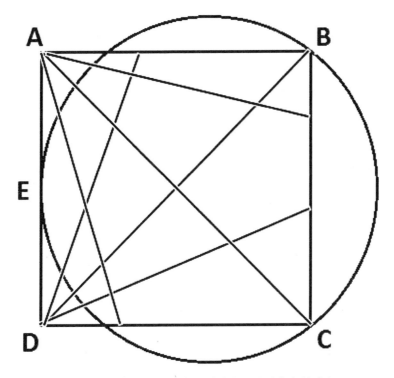

图 4-20　测量时间和价格：垂直角、水平角和斜对角

题和确定股价的走势。为此，江恩研发出了江恩角度线。

江恩角度线被经常误以为是趋势线，实际上并非如此。江恩角度线是按时间与价位之间的比例制作，由市场的重要顶点或底部延伸出来，以判别市场走势的好坏，其中最重要的是 1×1 线。

江恩线的基本比例为 $1:1$，是 $45°$ 的角度线。另有 1/8、2/8、1/3、3/8、4/8、5/8、2/3、6/8、7/8 等。每条江恩角度线有其相对应的几何角。1×1 线所代表的，乃是一个单位的时间相等于一个单位的价位，当市场到达这个平衡点时，便会对市场发生作用。每条直线都有支撑和压力的功能，但这里面最重要的是 $45°$ 线、$63.75°$ 线和 $26.25°$ 线。这三条直线分别对应 50%、62.5%、37.5% 百分比线。其余角度虽然在股价的波动中也能起到一定的作用，但重要性相对较低，很容易被突破。

以每天上升 10 点的波动率为例，上升的角度线表示：

3×1 线——每天上升 30 点；

2×1 线——每天上升 20 点；

1×1 线——每天上升 10 点；

1×2 线——每天上升 5 点；

1×3 线——每天上升 3.3 点

江恩角度线是指根据股票及商品的时间及价位，即其独有的波动率去画成的扇形预测工具。它代表了时间与价位处于平衡的关系，若根据某一模式的时间、价位同时到达这一平衡点时，市场将发生重大震荡。

所以江恩角度线是江恩理论中一个重要工具，江恩角度线除了是一个强劲的计算支持及阻力的价格工具，亦是非常神奇的计算转势日的工具。

绘画江恩线的方法

江恩曾说过："只要找到一个正确的起点，就有正确的结果。"江恩角度线是其中一款最广为人知的江恩工具之一。

江恩角度线的起点，一般是以市场重要的顶部与底部开始制作，应用江恩角度线时，通用方法十分简单，若市价向下突破一条上升江恩线时，市价将下跌一个角度的江恩线支持。相反，若市价向上突破一条下降江恩线，市价将进一步上行更高角度的江恩线。有部分江恩追随者认为，在上升 1×1 线之上的角度表示市场走势强劲，是牛市；在上升 1×1 线之下的角度表示市场走势弱，是熊市。

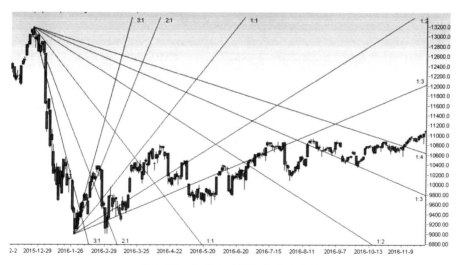

图 4-21 江恩角度线相交产生共振

由于市场上只有少量软件支持江恩角度线，能设定波动率。所以本书将大量采用 Gannalyst professional 5.0 去绘江恩图。因为 Gannalyst professional 5.0 是一位外国人所写，所以是全英文版。但国内热心网友将它转成了汉化版。而本书后面将有一个独立的章节去介绍汇入数据及绘图的功能。下面我们用一个例子分享如何在

Gannalyst professional 5.0 中绘制江恩角度线的图表。

图 4-22　江恩角度线

我们其后可于 Gannalyst professional 5.0 价格工具中选上升／下降江恩线，如图 4-23 及图 4-24 所示。

图 4-23　价格工具中选上升江恩线

图 4-24　价格工具中选下降江恩线

软件会画出江恩线，其后用鼠标双击。再于步长中输入波动率。如图 4-25 所示。

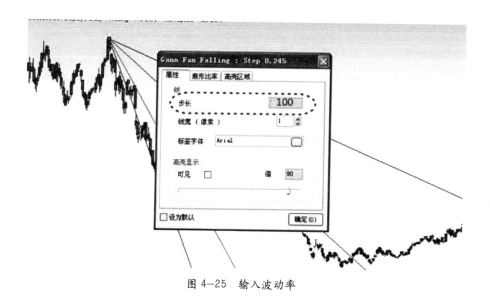

图 4-25 输入波动率

其后于扇形比率中，按 Add Item，并于比率中点击你需要的江恩线，如 1×2、3×1，等等。如图 4-26 所示。

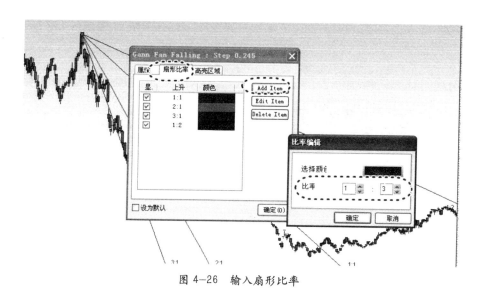

图 4-26 输入扇形比率

江恩角度线计算江恩转势日方法

如我前文所提及，江恩角度线是分析时间与价格的工具。而我在长期的研究中发现只要有两组以上的江恩角度线，运行期间两组不同的江恩线相交，即是"代表了时间与价位处于平衡／比率的关系"，那么转势就发生在面前。

> 所有的转势日都离不开和谐及比率两大因素。
>
> ——小龙

所以利用江恩角度线计算江恩转势日的方法是在高位及低位中，分别画出两组江恩角度线，两线相交的位置，即是大盘转势的日期，亦即转势日。

而我们在使用江恩角度线计算转势日日期时，不同角度线相交的组合亦会有不同，当然，1×1 线与 1×1 线相交威力最强，其次是 1×2 线、1×3 线，如此类推。不过我们通常只会看到 1×8 线，因为愈远的江恩线准确度愈差。

第 1：1×1 与 1×1 相交；

第 2：1×2 与 2×1 相交；

第 3：1×3 与 3×1 相交；

第 4：1×4 与 4×1 相交；

第 5：1×1 与 1×2 或 2×1 相交；

第 6：1×1 与 1×3 或 3×1 相交；

第 7：1×1 与 1×4 或 4×1 相交；

第 8：1×2 与 1×4 或 4×1 相交；

而此方法特别适合期货及期权的交易者使用，本书希望能够帮助弥补在时间面缺少的分析。

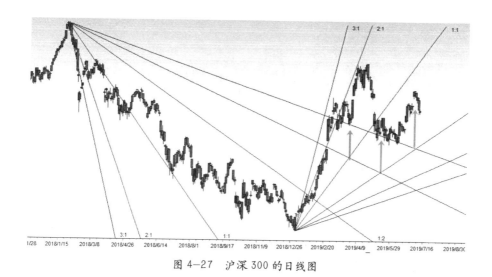

图 4-27　沪深 300 的日线图

　　图 4-27 是沪深 300 的日线图，我们分别于 2018 年 1 月 24 日的顶部及 2019 年 1 月 3 日底部分，以固定的波动率于每日 10 点画出两组不同的江恩角度线。我们会发现，每逢两组江恩角度线两线相交的位置，都会发生不同程度的转势，分别如下：

　　2019 年 3 月 26 日，1×1 线及 1×3 线相交，当时沪深 300 在这之前是回调，因遇江恩转势日理应反弹。指数约在 3900 点一直上升至 4100 点才回调。

　　2019 年 5 月 15 日，1×3 及 1×2 线相交，当时沪深 300 在这之前是反弹，因遇江恩转势日及受 1×1 线阻力，大盘之后反复向下直至 1×4 线的支持。

　　2019 年 7 月 3 日，1×4 及 1×2 线相交，当时沪深 300 在这之前一直是反弹，因遇江恩转势日，当时见到了短期顶部，之后大幅回调。

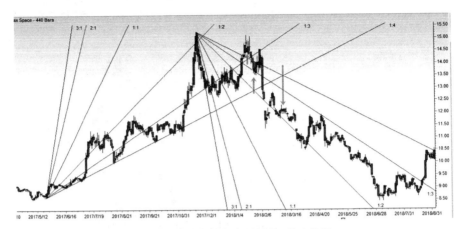

图 4-28　平安银行(000001) 的日线图

　　图 4-28 是平安银行（000001）的日线图，我们分别于 2017 年 5 月 23 日的底部及 2017 年 11 月 22 日的顶部以固定的波动率每日 0.1 点画出两组不同的江恩角度线。我们发现，每逢两组江恩角度线两线相交的位置，都会发生不同程度的转势，分别如下：

　　2018 年 1 月 23 日 1×3 及 1×4 线在平安银行的顶部相交，当时平安银行出现了双顶的走势，并在 1 月 23 日到达顶部，因遇江恩转势日后理应下跌。平安银行在此处见了 2018 年的大顶之后开始反复下跌直至下一个江恩转势日。

　　2018 年 1 月 30 日 1×4 线及 1×3 线在平安银行的回调时间相交，因为之前是下跌的走势，所以之后理应回升。因此，平安银行在此反弹直至遇到 1×3 线的阻力。

　　2018 年 3 月 9 日两条 1×4 线相交，平安银行在高位处横行，因为在高位之后加大了压力，所以之后加强了对回调的压力承受力度。

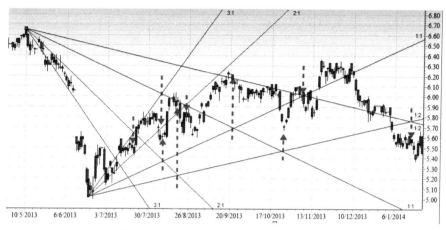

图 4-29　建设银行 H 股 (939.HK) 日线图

图 4-29 是香港上市的建设银行 H 股（939.HK）日线图。我们于 2013 年 5 月 9 日的顶部及 2013 年 6 月 21 日底部分别以固定的波动率每日 0.01 点画出两组不同的江恩角度线。我们会发现，每逢两组江恩角度线两线相交的位置，都会发生不同程度的转势，分别如下：

2013 年 7 月 22 日 2×1 线及 3×1 线相交，建设银行当日做底，所以按照我们的转势日理论理应转势向上，之后却由最底的 HKD5.42 升至 HKD5.85。

2013 年 8 月 8 日两组不同的江恩线，包括 1×1 及 3×1 和 2×1 及 2×1 于 8 月 8 日此转势日相交，同时建设银行当日做底，所以按照我们的转势日理论，理应转势向上。大市次日开始即时突破向上，最多由 HKD5.6 升至 HKD6.03。

2013 年 8 月 19 日 2×1 线及 1×2 线相交，建设银行当日做顶，所以按照我们的转势日理论，按理论应该下跌，次日走势开始下跌，最多由 HKD5.99 跌至 HKD5.62。

2013 年 8 月 23 日 2×1 线及 1×1 相交，建设银行当日做顶，所以按照我们的转势日理论，理应转势向下。次日开始转势向下，最多由 HKD5.92 跌至 HKD5.61。

2013 年 9 月 23 日 1×1 线及 1×1 线相交，建设银行当日做顶，所以按照我们的转势日理论，理应转势向下。次日开始转势向下，最多由 HKD6.21 跌至 HKD5.94。

2013 年 10 月 25 日 1×1 线及 1×2 线相交，建设银行当日做底，所以按照我们的转势日理论，理应转势向上。次日开始转势向上，最多由 HKD5.67 升至 HKD6.1。

2013 年 11 月 7 日 1×1 线及 1×2 线相交，建设银行当日曾向上遇到 1×1 线及 1×2 线阻力，此情况我们归类为做顶的转势类别，所以按照我们的转势日理论，理应转势向下。次日开始转势向下，最多由 HKD6.04 跌至 HKD5.85。

2014 年 1 月 16 日两条 1×2 线相交，建设银行当日做顶，所以按照我们的转势日理论，理应转势向下。次日开始转势向下，最多由 HKD5.59 跌至 HKD5.37。

图 4-30　香港交易所 (388.HK) 的日线图表

上图 4-30 是香港交易所（388.HK）的日线图表，我们分别于 2015 年 3 月 27 日的底部及 2015 年 4 月 23 日顶部固定的波动率每日 1 点画出两组不同的江恩角度线。我们发现，每逢两组江恩角度线两线相交的位置，都会发生不同程度的转势，分别如下：

2015 年 5 月 25 日 2×1 线及 2×1 线相交，香港交易所当日做顶，所以按照我们的转势日理论，理应转势向下。但是这里成了该段波浪的顶部。

2015 年 6 月 1 日 1×1 线及 3×1 线相交，香港交易所当日做顶，所以按照我们的转势日理论，理应转势向下。但是其后香港交易所短线回套。

2015 年 6 月 12 日 1×1 线及 2×1 线相交，香港交易所当日收阳线做顶，所以按照我们的转势日理论，理应转势向下。但是其后香港交易所短线回套，由 HKD298 跌至 HKD281。

2015 年 6 月 29 日 1×2 线及 2×1 线相交，香港交易所当日突破向上试图力破 1×2 线的阻力，向上不成，加上转势日的力量，香港交易所由当天展开跌浪，下跌了约 HKD86。

2015 年 7 月 8 日 1×1 线及 1×1 线相交，香港交易所当日收做了底部，而且刚触及 2×1 线获得支持，所以按照我们的转势日理论，理应转势向上。如果香港交易所由当天到底反弹，由当日最低的 HKD196 两日时间反弹至其后的 HKD244。

2015 年 8 月 4 日 1×1 线及 1×2 线相交，香港交易所当日收做了底部，所以按照我们的转势日理论，理应转势向上。但是港交所转势日后仍然整固两天后才开始突破向上。

2015 年 8 月 12 日 1×1 线及 1×2 线相交，香港交易所当日做了底部，所以按照我们的转势日理论，理应转势向上。但结果是没有向上突破，而是向下急速突破，原因是转势日有误差的关系。

2015 年 10 月 6 日 1×2 线及 1×2 线相交，香港交易所当日做了底部，所以按照我们的转势日理论，按理论是要反弹，但是结果最终预测落空了。

以上江恩角度线的用法很多，在此我们介绍了一个入门的方法已经令读者受用无穷，我们会在之后分享更多角度线的方法及技术。

> 规则一：万物都有周期；规则二：当所有人忘记周期，就是周期拐点出现的时间。
>
> ——小龙

第五章　江恩金融占星学

　　江恩的方法中，有一门秘中之秘的方法，就是金融占星学。江恩曾讲过："占星即几何，几何即占星。"（关于金融占星可了解舵手图书江恩小龙课程）其中一个方法是留意行星的相位及身处什么宫位而做分析。

图 5-1　古巴比伦人的占星学

J.P. 摩根说："人人都可能成为亿万富翁，但成为亿万富翁需要占星家。"公元前 463 年，古巴比伦人就开始利用天文观测来预测市场。之后慢慢开始发展成为金融占星学。金融占星学一直到江恩的出现，大家才开始明白其重要性及秘密。

尼古拉·特斯拉曾说过：任何活物都是连接到宇宙齿轮的机器部件。虽然乍一看，它只是被其直接周围环境所影响，但外部影响域场是无限延展的。在浩瀚无垠的宇宙空间中，从恒星或星云、太阳或行星组成的任一星座，乃至星空流浪者，没有一个是不会影响它命运的，但不是以占星术的模糊和迷惑描述，而是以自然科学确定的可靠方式。

> 占星、数学、几何是江恩的核心内容。
>
> ——小龙

虽然江恩从未公开利用占星术预测股市，但江恩的很多占星术知识被他加密或者隐藏在周期性的应用中。而他亦曾说过，江恩理论是通过数学、几何学、宗教、天文学的综合运用，建立的独特分析方法和测市理论。在他的两部正式出版的著作《空中隧道》《神奇的字句》中同样体现了如何把天文周期的循环隐藏在周期的循环数字中：

● 90 年循环是土星 29.46 年三次的循环，或者土星和天王星 45.36 年的交叉循环，等于 90.72 年。

● 82—84 年的周期是天王星 84.02 年的运行周期。

● 60 年的周期是土星的两个运行周期，58.92 年或者木星和土星三个相会周期，等于 59.58 年。

● 30 年的循环相约是土星的轨道运行周期 29.46 年。

- 20 年的循环是木土相会。
- 10 年的循环是木星和土星对冲的时间。
- 7 年的循环是天王星改变黄道宫，在轨道上移动 30°的时间。
- 5 年周期是土星 30 年周期的 1/6 或 20 年周期的 1/4。

以上周期跟前文说的周期理论中，都可以找到相关的周期，同时也接近一众经济学生在分析经济周期时找到一些循环时间。但为何江恩不愿意公开他使用的方法？江恩曾在《空中隧道》一书中指出，"我不打算去解释时间周期循环的原因。因为大众还没有做好准备接受，所以即便我解释了也可能不会被理解。"其实直到今天，中国或者很多投资者都以教科书的方法为名门正宗，直到最近纪念周金涛的涛动理论出现，中国投资者才接受并理解什么叫周期。如笔者 2016 年中发表对 2017 年是牛市或熊市进行分析，很多人表示怪力乱神不能信解。所以也证明江恩当年是对的。

所以江恩曾说："《圣经》说，凡事皆有定期，万物皆有定时。"所有的自然法则都在说明这一法则。

星体职权及周期

江恩和其他金融占星家希望找到星历（行星运动表），通过主行星形状预测头部、底部和市场走势。江恩可以通过星历预测行星的未来位置，他可以利用行星之间的关系来预测多年后的市场。在所有的恒星中，木星和土星是最重要的。木星是一颗吉祥、经济和股票市场的明星。土星是一颗有压力的危险恒星。木星代表扩张，扩张的市场意味着长市；土星代表收缩，收缩的市场意味着空市。天王星和火星代表着动荡的市场。在将占星术应用于金融市场时，我们必须首先研究这些恒星的性质及其与市场的关系。

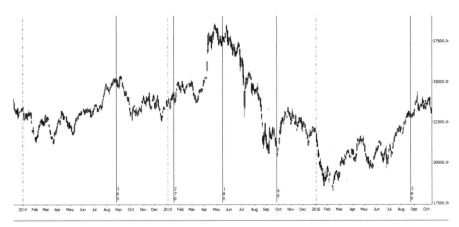

图 5-2　恒生指数土星及火星每形成 90° 的占星相位时间的走势

　　在金融占星学的研究中，关键之一是了解恒星性质，因为占星学认为，一种或多种星体与特定的市场之间存在着某种联系。其他恒星，例如月亮的 7 天周期和太阳的 30 天周期，也将影响到市场的主要走势。星体之间所构成的现象也会影响未来的走势。例如，木星与土星的会合，通常都与 20 年的循环有关。当然，由于金融占星需要学习的范围非常之广，所以我在本书中会做引导，教授一些易学又能落地的方法。

各星体的周期及星体的职权

水星

　　水星是离太阳最近的行星，也是除了月球外运行最快的星体。它的基本参数为：公转周期为 87.969 日；会合周期为 115.86 日；自转周期为 58.646 日，恰为公转周期的 2/3；距地球 0.8976 亿千米。水星是双子座和处女座的守护星。它是一颗中性的星，象征着一个人的精神活动和思维逻辑。水星守护的星座代表一个人的思维方式，而水星代表了一个人的信息交流和思维方式的领域。水星是弟弟妹妹的自然象征。对应身体器官，水是代表手臂、支气管、神经等。水星具有两面性，主宰着交易活动，因此代表着狡猾的欺骗。

金星

金星轨道位于地球与水星之间。它是夜空中最为明亮的行星。金星的自转周期长达 243 天，绕日公转周期是 224.7 天。金星是金牛座和天秤座的守护星，也是占星术中第二大吉祥之星，象征爱情、婚姻、艺术、美丽、和谐和人际关系。金星星座代表了一个人表达爱情、审美和社会态度的方式。金星代表了浪漫、和谐和舒适的生活领域。在身体器官方面，金星代表喉咙、肾脏等。

太阳系中八大行星按照从近到远距离太阳的顺序，金星排第二。

火星

火星的公转周期是 687 个地球日，会合周期是 779.93 日，平均轨道速度是 24.13，火星的自转周期是离地球 24 小时 37 分 226 秒，0.798 亿公里。火星是摩羯座和天蝎座的守护星，是占星术中第二大凶星，象征着斗争、爆发力、欲望、灾难等。火星星座通常代表一个人的欲望表达和发脾气的样子。火星代表了一个人的行动和渴望所的领域。就六个亲戚而言，火星是哥哥和姐姐的自然象征。就身体部位而言，火星代表头部、生殖器官、血液等。

木星

木星，射手座和双鱼座的守护星，是占星术中的第一大幸运星。木星具有广阔的特征，象征着宗教、哲学、道德、高等教育、外交、法律、机遇、运气等。木星代表一个人最幸运、愉快的领域，在那里机会和利益是唾手可得的。就身体而言，木星代表肝胆、大腿和臀部等。

木星的公转周期是 11.86 年，古代中国称其为岁星，取其绕行太阳一周约为 12 年，与地支相同之故。木星是太阳系中旋转最快的行星。它在赤道上的自转周期只有 9 小时 50 分 30 秒，距离地球 6232 亿公里。木星是太阳系八大行星中体积最大的行星。

土星

土星是摩羯座和水瓶座的守护星，也是占星术中最凶的星。土星具有收缩特征，象征冷漠、限制、压力、困难等。土星代表了生活中需要克服的领域，在这个生活领域很容易承担责任。就身体部位而言，土星代表牙齿、骨骼、皮肤等。

土星的公转周期是 107592 天，也就是说，大约 29.5 年，会合周期是 378 天。平均轨道速度是每秒 964 公里。它旋转得非常快。赤道上的自转周期是 10 小时 14 分钟，距离地球 12 亿公里。

天王星

水瓶座的守护星天王星是一颗凶猛的星，象征着不可预测性、变化、颠覆、分裂、电子等。由于天王星是一颗外行星，只有当它与星盘图上的内行星有相位时，才应该进行分析。一般来说，天王星代表一个人容易突变或分离的领域。天王星代表科学家、革命者、发明家等。

天王星的公转周期为 84 年 25 天，自转周期为 17 时 14 分，距地球 2785.6 亿公里。会合周期是 36966 天。

海王星

海王星是双鱼座的守护星，也是一颗凶猛的星，象征着模糊、无边界、软弱、模糊、幻想、牺牲和救赎。由于海王星属外行星，若与本命盘中个人行星产生相位时，才应予以分析。一般来说，若命盘中海王星受克严重，将不宜经常靠近海边。海王星代表的人物有艺术家、灵修者、修行者等。

海王星的公转周期 104.79 年；会合周期为 367.49 天，距地球

43384 亿千米。自转周期 16.11 小时。

星体的周期跟股市周期的关系

江恩曾写过一本爱情小说《空中隧道》，书中的男主角 Robert Gordon 的生日 1906 年 6 月 10 日，当时出现我们中国人所说的五星连珠的星象相位，火星、木星、太阳、水星及冥王星集结在双子座 17°至 22°之间。而在 Robert 出生之前两个月，三藩市发生了大地震，一年之后的春天，棉花播种有困难，及至秋天又发生金融恐慌。

图 5-3　地球在黄道运行

> 周期的来源可能也是来自恒星的周期。
>
> ——小龙

天人感应，天上的星体移动也会导致地下的生命有所影响。刚刚我们分享了星体的周期，跟股市有什么关系呢？江恩曾说：只要找出正确的起点，你就可以预测将来。那我们预测周期的其中一个方法就是利用星体的周期，在股市的高点及低点中配合上述的周期，你就可以发现周期不停地重复。

而星体周期用途非常之广，笔者在此只作引导。以图 5-4 为例，我们发现在恒生指数 2007 年 10 月 30 日的高位做起点，之后配上火星跟木星的会合周期为 398.88 日，你会发现恒生指数每 398 天都会发生转势。

再来一个例子，在图 5-5 中展示了上证指数跟火星的公转周期为 686.980 日的关系，你会发现上证指数在 2007 年 10 月的高位之后，每 686 天都发生转势。

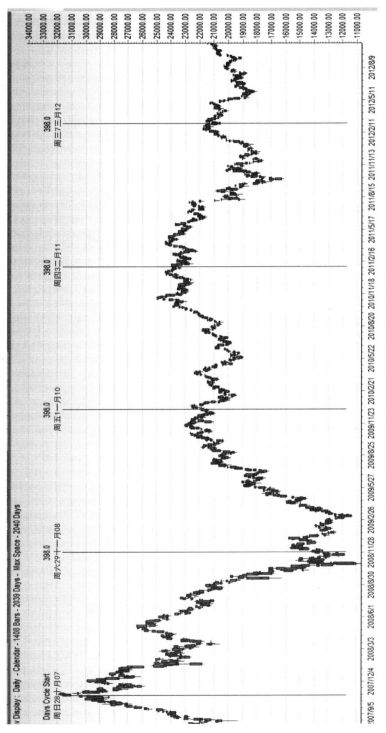

图 5-4 恒生指数在 2007 年高点跟木星的会合周期为 398.88 日

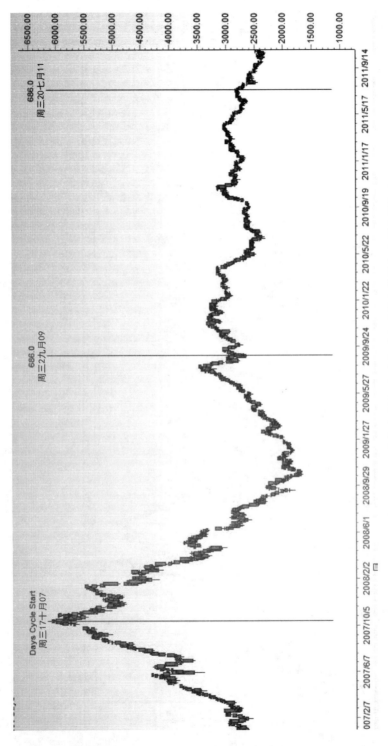

图 5-5　上证指数在 2007 年高点跟火星的公转周期为 686.980 日

木星的周期循环

掌管经济周期的两颗行星为木星和土星，在占星学的领域中，木星象征最大的吉星，带来了扩张、延伸以及繁衍的能量。木星公转周期是 11.86 年，跟太阳黑子的 11 年相近。中国古天文学中非常重视木星，岁星就是中国古代对于"木星"的称呼。所以十二生肖即是你出生的年份在黄道十二宫的那一个宫位演变而成。

图 5-6　木星的 11.86 年周期

木星周期在金融占星中是非常重要的，特别是 11.86 年。你会发现不论西方或中国的历法中，年／月的单位很多时间都是分成 12 份一个循环。如果一个完整"年"的周期是 12 年，那将 12 年分成 12 个月去表达，即是 12×12 月 =144 月，那正好是神奇数字。神奇数字系列由 1、1、2、3、5、8、13、21、34、55、89、144、233，等等，任何一个神奇数字，除以之前的第二个神奇数字，所得的结果将极接近 1.618。所以 144 月、144 星期、144 日都是经常会发生转势的周期时间。

> 木星、土星及太阳黑子告诉我们经济周期约是十年。
>
> ——小龙

那 144 个月对于股市有什么影响呢？下图是恒生指数 144 个月周期，如果恒生指数由 2003 年 4 月的底点作起点，144 个月之后正好是 2015 年的大牛市最高点！

再来一个例子，深证成指在 1996 年 1 月见底后，144 个月周期，正好是 2008 年 1 月的最高位，之后开始回调。

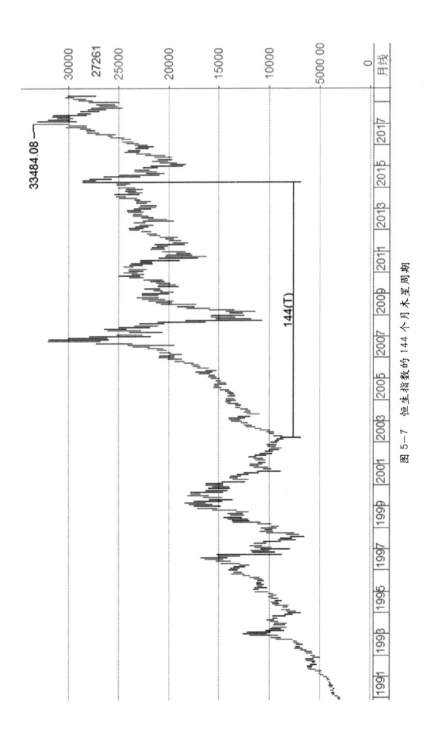

图 5-7　恒生指数的 144 个月木星周期

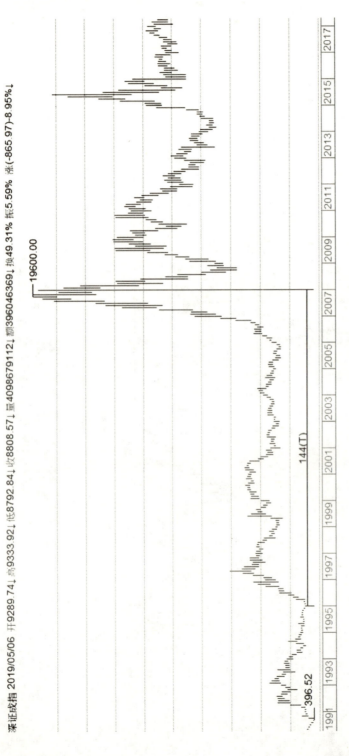

图 5-8 深证成指的 144 个月周期

土星 30 年周期循环

土星在占星学领域被认为是一颗凶星。它表达了紧缩、阻碍和停滞的影响，象征着一个人的恐惧和困难。根据土星的星座，一个人可以观察到自己的责任和压力的来源，并推断出土星的回归可能带来的挑战，而有利可图的土星意味着仍然有机会通过努力工作获得稳固的地位。在罗马神话中，土星也是农业和时间之神。因此，江恩对此非常重视。

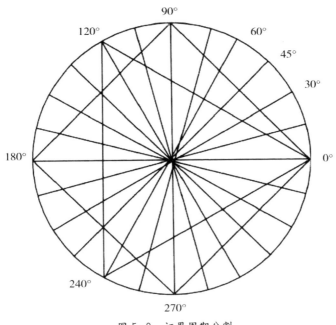

图 5-9　江恩周期分割

在江恩的周期理论之中，30 年周期循环是理论中核心之一。因为，一年有 360 日，月球围绕地球自转 360 次。而同时 30 年亦是接近土星运行的周期，土星围绕太阳一周，共 29 年 167 日。所以，30 周期循环是理论中核心之一。而如果将30年周期再做出分割，如图5-9，可发现土星周期跟江恩百分比分割完全一样：

● 30年周期——土星回归；

● 22.5年周期——土星270°（360×6/8）；

● 15年周期——土星180°（360×4/8）；

● 7.5年周期——土星90°（360×2/8）；

> 当你掌握了30年的周期，你可以预测未来重要的经济起伏。
>
> ——小龙

如果时间由其他重要的年份开始，都一样推到2017年，2009年的7.5年后，即2016.5年，2002-2003+15年即2017+2018，1994+22.5年，即2016.5年。30年周期用于上证指数中，亦有惊人的发现。在图5-10，1992年5月上证见了成立后第一个顶部。之后利用江恩30年周期分析发现，7.5年后，即1999.5年出现另一个顶部。而15年后2007年见牛市大升浪的顶部。22.5年之后2014年恰好是2015年大牛市上升前的起点。而30年后，即2022年相信是另一个高点或低点。

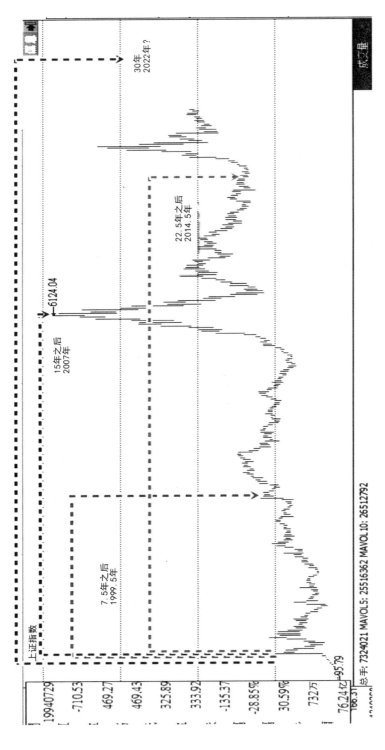

图 5-10 30 年周期应用在上证指数

月亮跟股市周期

月亮周期影响我们地球上的潮汐、生命的荷尔蒙等。自古以来，很多人相信月亮圆缺会影响人们的思考和行为，在《灵枢·岁露》中提到"人与天地相参也，与日月相应也"，认为满月时人的血气积旺，情绪处于兴奋状态，而在新月时，人的气血虚簿，情绪亦相对低潮。塔库尔和莎玛（1984年）使用1978—1982年间印度三个区域（乡村、城市及工业区）警局的犯罪记录，研究显示满月时的犯罪率远高于其他时期。但是月亮会影响股市的周期吗？

迪切夫和简斯（2003年）研究发现，新月时期股价报酬约是满月时期的两倍，且在美国四大指数及24个国家以上都有此种现象存在。曾有研究人员（2006年）使用1973—2001年间48个国家指数所组成的全球投资组合研究，结果指出满月时的股价报酬较新月日低。《哈佛商业评论》杂志刊出一篇名为"都是月亮惹的祸"相关专文，文中引用了两项研究都同意一项重要论点：阴历一个月当中，在最接近新月（朔月）那十五天（新月之前七天与后七天）期间，股市平均报酬率，远高于其余半个月期间的平均值。研究发现，两者报酬率平均一年差距最高可达十个百分点，而研究人员发现，美国有史以来的主要股价指数，包括始于1896年的道琼工业指数，全都受月亮周期影响；研究还比较了法国、加拿大、英国、日本等地的股市，发现这些外国股市同样也受月亮盈缺影响，而且状况比美国更明显。

如图5-11，当新月的时间美国的标普500指数见短期高位，而满月的时间美国的标普500指数见短期低位。

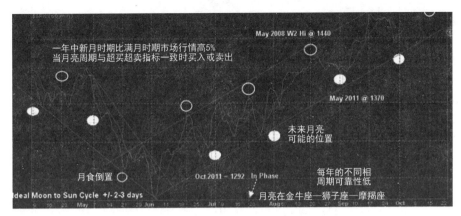

图 5-11 标普 500 指数新月及满月的走势

图 5-12 月相

那什么是月相？它是天文学中对于在地球上看到的被太阳照亮的月球部分的称呼。随着月亮每天在星空中自东向西移动很长一段距离，它的形状也在不断变化。这就是月球的相变，叫做月相。月相的更替周期是 29.53 天，称为一个朔望月，它是历法中历月和星期的来源。这个时间比月球公转的时间（恒星月）要长，因为当月球绕地球公转时，地球也在绕太阳公转，一个朔望月月球大约要绕（360+360×29.53/365.24）=389.11 度（公转只绕 360 度）。所以一恒星月大约为 29.53×360/389.11=27.32 天。

以下是主要的月相角度：

新月：太阳和月亮之间的差是 0，当月亮位于地球和太阳之间，以黑暗的一面朝向地球，与太阳同升同落，所以在地球上看不到它。

上弦月：黄经和黄经相差 90°。

满月：到了农历十五、十六，黄经差为 180°。

下弦月：黄经差 270°，只在下半夜出现于东半边天空中。

表 5-1　2019 年 1 月—3 月的月相日期

	月相	日期
◑	新（朔）月	1 月 6 日
◐	上弦月	1 月 14 日
○	满（望）月	1 月 21 日
◐	下弦月	1 月 28 日
◑	新（朔）月	2 月 5 日
◐	上弦月	2 月 13 日
○	满（望）月	2 月 19 日
◑	下弦月	2 月 26 日
◑	新（朔）月	3 月 7 日
◐	上弦月	3 月 14 日
○	满（望）月	3 月 21 日
◑	下弦月	3 月 28 日

图 5-13　上证指数跟月相

上图为上证指数跟月相的关系，从中可见，在 2019 年 1—3 月期间，上证指数很多高低点的位置都是受月相的变动影响，约为 7 个自然日变盘一次，所以你明白江恩为何如此重视 "7 个自然日" 了吗？

图 5-14　月相图

　　中国的阴历是以初一、十五代表朔和望。由一次日月合朔，太阳月亮交错运行，即整个太阳及月亮周期再一次合朔大约需要29.5天。1/4或90°大约是7个自然日。以7为倍数，可以得到7周6个月的周期。这与江恩情有独钟的"7"的周期相符，他认为如21、42、49、56、63、77等与7呈倍数关系的周期都重要，会产生转势。

　　也要留意7个交易日及其倍数。以恒生指数日线图为例，以"7个交易日"为周期，从2014年10月3日的低位开始，会发现很多时候恒生指数每"7"个交易日都会产生转势。

　　在图5-15中，以上证指数日线图为例，以"7个交易日"为周期，从2016年4月15日的高位开始，以"7"日为周期循环及其倍数。发现其中很多时候上证指数每"7"个交易日都会产生转势。

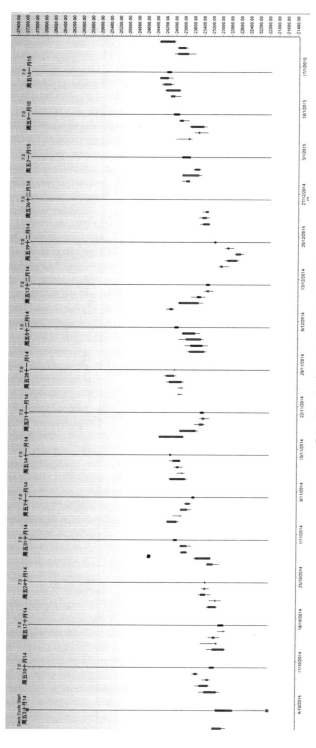

图 5-15 恒生指数 "7" 日周期循环

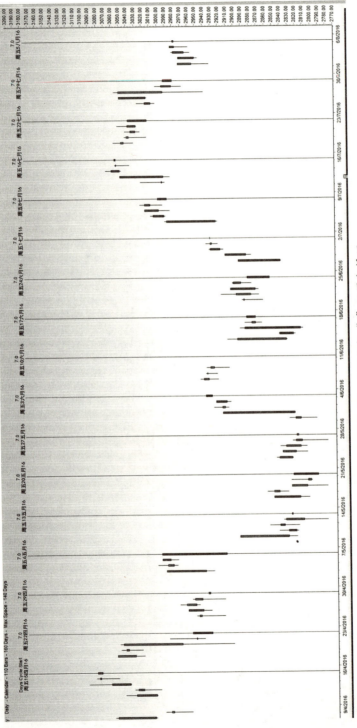

图5-16 上证指数 "7" 日周期循环

江恩理论与中国二十四节气

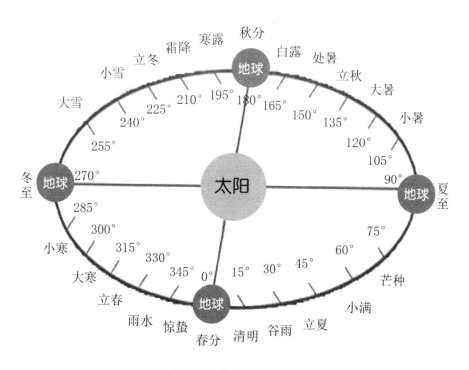

图 5-17 中国二十四节气

江恩在书中曾引用《圣经·旧约·传道书》"已有的事后必再有；已行的事后必再行。日光之下并无新事。"他认为，无论是股票、商品还是期货，市场的变化都存在着宇宙中的自然规则；价格变动不是杂乱随机的，而是可以预测或有迹可循的。江恩曾特别列出一年之中每月重要的转势时间，非常具有参考价值，现详列如下：

（1）1月7日至10日及1月19日至24日——上述日子是年初最重要的日子，所出现的趋势可延至多周，甚至多月。

（2）2月3日至10日及2月20日至25日——上述日子重要性

仅次于 1 月。

（3）3 月 20 日至 27 日——短期转势经常发生，有时甚至是主要的顶部或底部的出现。

（4）4 月 7 日至 12 日及 4 月 20 日至 25 日——上述日子较 1 月、2 月次要，但后者也经常引发市场转势。

（5）5 月 3 日至 10 日及 5 月 21 日至 28 日——5 月是十分重要的转势月份，2 月的重要性与其相同。

（6）6 月 10 日至 15 日及 6 月 21 日至 27 日——短期转势会在此月份出现。

（7）7 月 7 日至 10 日及 7 月 21 日至 27 日——7 月的重要性仅次于 1 月，在此段时间，气候在年中转换，影响五谷收成，而上市公司亦多在这段时间分红，影响市场活动及资金的流向。

（8）8 月 5 日至 8 日及 8 月 14 日至 20 日——8 月转势的可能性与 2 月相同。

（9）9 月 3 日至 10 日及 9 月 21 日至 28 日——9 月是一年之中最重要的市场转势时候。

（10）10 月 7 日至 14 日及 10 月 21 日至 30 日——10 月亦是十分重要的市场转势时候。

（11）11 月 5 日至 10 日及 11 月 20 日至 30 日——美国大选年，市场多会在 11 月初转势，而其他年份，市场多在 11 月末转势。

（12）12 月 3 日至 10 日及 12 月 16 日至 24 日——在圣诞前后，是市场经常出现转势的时候。

在以上所列出的日子中，若细心留意，可发现江恩所提出的市场转势时间，相对于中国历法中的 24 个节气竟然出奇地吻合。从天文学角度看，此乃以地球为中心计算太阳行走相隔 15°的时间。通过大量的市场研究，在中国农历二十四节气相对应的时间内，其股市行情往往也会出现一些波动和转折。如果我们利用江恩的分割工具，选取一年的春分点作为分割的起点，春分点亦即太阳回归的时间，日期为 3 月 21 日。然后将圆形一分为二、为四、为八，在八的基础上又细分为十二等分和二十四等分。也就是每个节气为 15°，正好合为 360°。江恩时间规律与中国历法的节气不谋而合，如图 5-18。现将分割的时间排列如下：

0/8——3 月 21 日，春分；

1/8——5 月 5 日，立夏；

1/4——6 月 21 日，夏至；

1/3——7 月 23 日，大暑；

3/8——8 月 5 日，立秋前 2 天；

5/8——11 月 8 日，立冬；

2/3——11 月 22 日，小雪；

3/4——12 月 21 日，冬至；

7/8——2 月 4 日，立春。

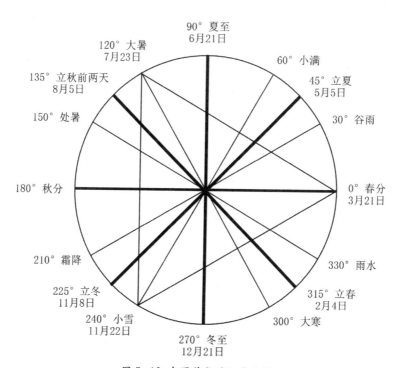

图 5-18 中国节气跟江恩分割

二十四节气是以太阳在黄道（即地球绕太阳公转的轨道）上的位置来划分的。视太阳从春分点（黄经零度，此刻太阳垂直照射赤道）出发，每前进15°为一个节气；运行一周又回到春分点，为一回归年，共为360°。

其实，中国二十四节气反映的是太阳对地球产生的影响，夏至日照最长，称长至；冬至日照最短，称短至；在春秋两季各有一日的昼夜时间长短相等，便定为春分和秋分，之后就发展成四季，再后来变成八卦及二十四节气。

那为什么节气会影响股市的运动？现在并没有一个大众接受的科学解释。不过在占星学中就有一个完整的说法，简单来说，二十四节气是记录太阳在黄道中运行的路径，太阳在黄道移动会影响地球日照的长短及气候或气温的变化。而太阳及月亮的活动亦会影响潮汐，如天文大潮和农历的初一、十五是太阳和月亮引潮合力最大时。而很多研究表明，潮汐与情绪及病患都有直接的关系。

在《时辰和天文潮汐对日照地区脑出血患者发病的影响》（夏永梅、叶红晖、厉郡华、李向云）中，收集了2006年1月1日—2010年12月31日的脑出血患者509例，可是结论是：脑出血发病呈周期节律性分布，并与天文潮汐节律变化有关；塔库尔和莎玛研究1978—1982年间印度三个区域（乡村、城市及工业区）警局的犯罪记录后发现，满月时的犯罪率远高于其他日子。相关研究显示，月亮周期影响到人的行为，甚至对股市也有影响。

而股市价格的波动，是一系列市场参与者无数行动而得出的结果。太阳在不同的黄道位置会影响气候或地球的引力，从而影响地球上的生物情绪。江恩方法中经常用到90°及120°的关系，我们可以留意到，春分、夏至、秋分及冬至是90°的关系；而谷雨、大暑、霜降、大寒也是90°关系；而小满、秋分、大寒是120°关系。这恰好符合江恩角度线、江恩分割理论等的原理。

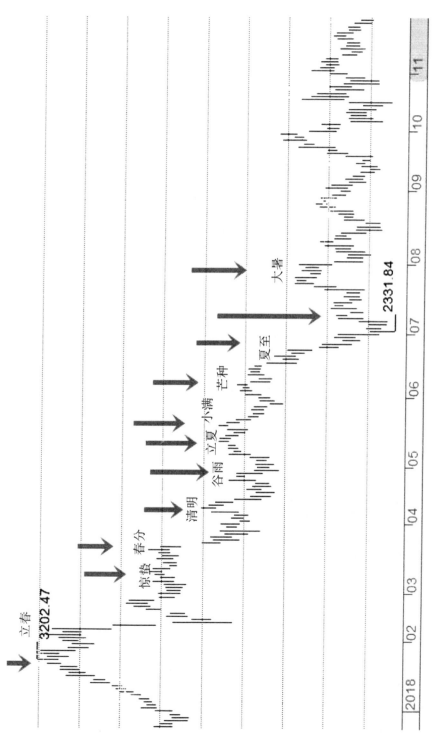

图 5-19 上证 50 指数在 2018 年跟节气的关系

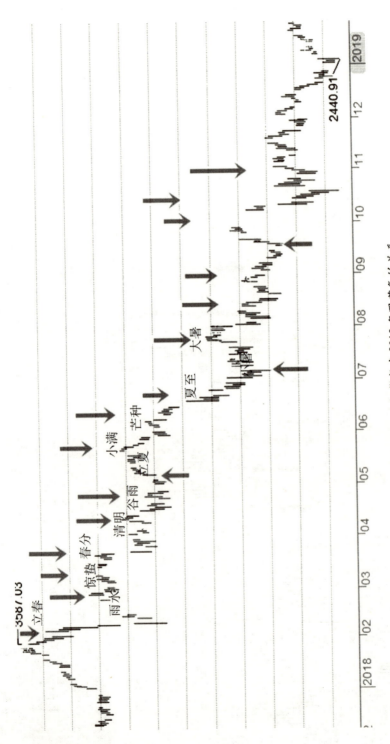

图 5-20　上证指数在 2018 年跟节气的关系

　　图 5-19 是 2018 年上证 50 指数跟节气的关系，其中最明显是在立春（2 月 4 日）前后，上证 50 指数到达 2018 年的顶部，并开始下跌。而图中读者可见在小间附近见了一个重要的底部。由此可知股市跟节气有一定的关系。

　　图 5-20 是 2018 年上证指数跟节气的关系，同样地上证指数在立春（2 月 4 日）前后见顶并开始下跌，在小暑附近见了一个重要的底部，由此可知股市跟节气有一定的关系。

水星逆行与股市的关系

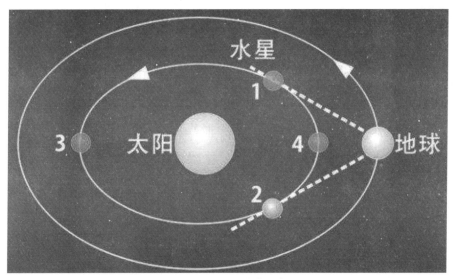

图 5-21　水星地球运行

　　江恩认为投资市场内的价格变动，与某些大自然法则有着密切关系。部分人指出"水星逆行"这个天文现象就经常与股灾有一定关系。到底"水星逆行"是什么？如何影响股市的运行呢？

　　首先，水星所掌管的事项包括：交通、电脑、电话、文书往来、交易买卖、通讯、消息，而水逆一般带来相关事情的混乱、延误、阻

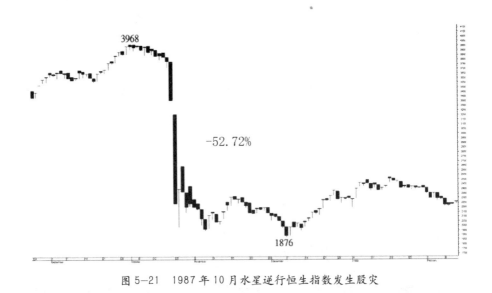

图 5-21　1987 年 10 月水星逆行恒生指数发生股灾

滞、误会。例如手机坏掉、电脑故障、交通阻滞、买卖失效等，都足以让人发疯。

　　所谓"水星逆行"是指水星运行轨道与地球自转带来的黄道角度差所造成视觉上的轨迹改变，而并非实际运行方向反向。由于不同行星围绕太阳公转的周期不相同，从地球的角度来看，水星逆向运行。水星逆行是一种天文现象，每 3 到 4 个月发生一次，持续约 20 天。

　　因为水星的特性，所以在水星逆行期间，如文书错误、沟通不畅、机械故障、交通混乱等会发生。过去港股股灾曾出现在"水星逆行"，恒生指数在 1973 年、1974 年、1987 年及 1989 年水星逆行期间都出现急跌的情况，下跌幅度由 27% 至 44% 不等。

太阳黑子的周期跟经济周期的关系

　　太阳黑子的周期和经济周期总是在同一频率出现，在科学上这是一个难以解释的迷。在科学的定义上，太阳黑子是太阳光球层的一种太阳运动，也是指太阳表面一种炙热气体的巨大漩涡，大致的时间周期是 11 年，而且数量并不固定，会随着时间的波动，每隔 11 年达到一个最高值。

图 5-22　英国经济学家杰文斯

英国经济学家杰文斯就注意到了这一点。杰文斯的《政治经济学初级读本》和《劳工问题介绍》，在其去世后出版。这两部著作后来被合编为《社会改革方法和货币金融研究》一书，这部书包含了他生前创作的论文。此书的最后一卷就是杰文斯对太阳黑子和商业危机的关系研究。

在杰文斯看来，经济之所以会规律性地波动，一个重要的原因在于太阳黑子的周期性变化，而传导的途径是太阳黑子的周期性变化会造成气候的周期变化，进而通过影响农业收成来影响整个经济。而正因为太阳黑子运行周期约为 10 年，所以经济周期也约为 10 年。这与朱格拉医生提出的以 10 年为期的朱格拉周期颇为接近。而近代很多经济学家及分析员都曾分析过太阳黑子及股市未来的关系，其中一位是米哈伊尔·戈尔巴尼法，他是国际货币基金组织的资深经济学家，他曾在2015年发表研究报告《太阳活动能否影响到经济衰退的发生》，并最终确定太阳周期会导致经济发生衰退。

自1755—1766年被编为第1个太阳黑子周期开始，第23个周期开始于1996年5月，结束于2008年12月，持续了12.6年。2018—2020年处于第24个太阳黑子周期末端，正转向第25个新周期。太阳黑子周期的平均长度为11.1年，但是事实上有时会9—14年之久。近年，哈利·邓肯二世在《经济大悬崖》这本书里面提到各种周期，其中有一章节提到太阳黑子周期与经济的关系，他发现迄今为止一百年的太阳黑子周期平均是10.2年，与他们公司重量级周期分析师奈

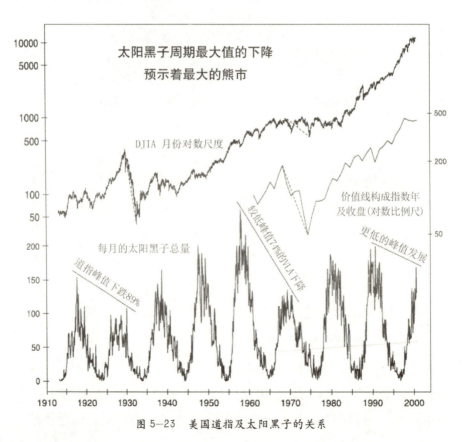

图5-23　美国道指及太阳黑子的关系

德·达维斯所发现的 10 年周期很接近。根据天文学家及科学家的研究，太阳黑子衰退反映着太阳的活动率下降，相关的情况将对地球的气候及生态环境造成影响。他们普遍认为太阳黑子的活动周期约为 11 年。

上一次太阳活动最急速下降的周期最低点，出现在 2008 年及 2009 年，正好对应了 2008 年世界金融大海啸与 2009 年经济大萧条。再上一次周期的极小值出现在 1997 年，该年暴发了著名的亚洲金融风暴。再继续往前推一个周期，极小值落在 1985 年，该年举行了著名的广场协议。最著名的 1929 年美国股市大崩盘到 1933 年大萧条，也正好配合太阳黑子数下降到极小值时间区域。

而近日有科学家指出黑子数到达极小值谷底的时间，可能落在 2019—2020 年间，也就是说，距离到达极小值的这段时间，太阳将会不断出现无黑子状态。以历史观测记录来看，太阳活动极小值的持

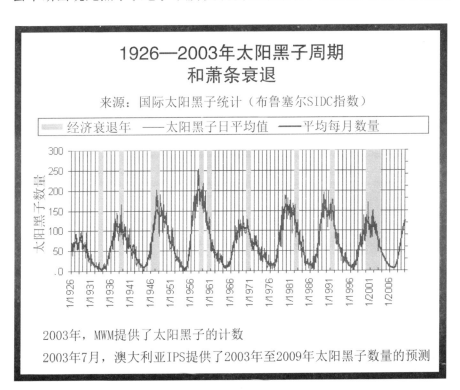

图 5-24　太阳黑子 1926 年—2003 年与经济衰退的关系

续时间过长，可能导致地球大气层最下层，也就是对流层的气温下降，直接影响到身处对流层的我们，导致全球进入"小冰河期"。所以笔者一直提醒，2019—2020 年经济或者会异常振荡。

笔者曾于 2016 年 12 月 23 日在香港经济日报集团的《智富杂志》中发表关于太阳黑子及香港股市的文章，以下部分节录。

坊间愈来愈多人提出港股逢 7 必灾或逢 7 必升，却说不出所以。而在占星及江恩理论上对此有很明确的理据。笔者早于在 2016 年 10 月在本栏中以"如果 2017 年是牛市"连续两期讨论 2017 年牛市的可能性，在此再深入讨论。

在经济的周期循环中除了 30 年周期之外，10 年周期亦统治了经济发展。为何是 10 年？10 年周期在占星学上跟木星周期及太阳黑子周期吻合。吴师青于 1972 年出版的《天运占星学》描述太阳黑子周期为 11 年 2 月 20 日。太阳风暴周期分初、中、高阶段，初期三年经济处于不景气低迷状态，中期三年经济发展复苏而后腾飞，末期五年之头两年，经济股市巅峰过热。末期五年之后三年，股市经济泡沫爆破引发恐慌后萧条。

萧條		不景交易			健全交易			刺激交易		巔峰
1974	1975	1976	1977	1978	1979	1980	1981	1982	1983	1984
1985	1986	1987	1988	1989	1990	1991	1992	1993	1994	1995
1996	1997	1998	1999	2000	2001	2002	2003	2004	2005	2006
2007	2008	2009	2010	2011	2012	2013	2014	2015	2016	2017

图 5-25　太阳黑子及经济周期的关系

图 5-25 是我根据吴师青书中由 1952 年开始周期表，制作的一个周期表。图中指出，2006 年是巅峰过热，之后 2007—2008 年是萧条后慢慢复苏。而下一个周期的巅峰将于 2017—2018 年出现。

一些人以为以太阳黑子研究周期不科学，其实国外多个大学发表了大大小小关于研究太阳黑子及经济周期的关系。贝纳价格周期理论亦引证了 10 年经济周期，1875 年贝纳曾写过一本书，名为《未来价格涨跌的商业预言》，提出商品及股市不停重复 8—9—10 年见顶规律，而 20—18—16 年将是经济环境的不变定律。如 2009 年低点加 9 年即 2017 年，而 2007 年加 16 年即 2023 年。与江恩 30 年周期吻合。

除利用江恩 30 年周期推算出 2017 年的时间外，也可利用神奇数字做推算，即由 1、1、2、3、5、8、13、21、34、55。由 1987 年 10 月作为起点，每约 120 个月恒生指数将会见到一个牛市的高点，包括 1997 年（118 月后）、2007 年，如果一直推下去将会见到 2017 年 10 月。以 2016 年 2 月做起步点，第 21 个月即 2017 年 10 月，2017 年有机会见一个高点或牛市。如果推论成立，2017 年高点将会发生于 2017 年 10 月前后 1—2 个月附近。

可见，天文现象一直影响着我们股市的运行，在本书一开始我们就曾指出股市是自然界法则的一部分。所以，部分天文现象是会影响股市的。当然，这是非常复杂的学问，所以我们之后会找机会再分享。

附录I　江恩软件使用教学

学习江恩理论，最困难的是市面上大部分软件都没有江恩软件的绘图工具。而国外江恩软件每年的费用以万计。

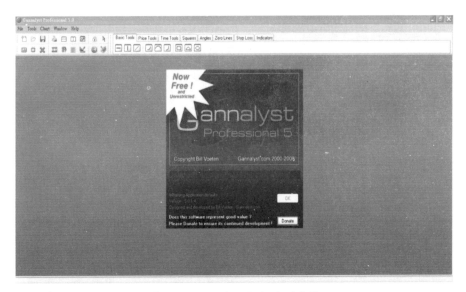

图 A1-1　Gannalyst Professional 软件

图 A1-1 是国外的江恩支撑者设计的一款免费软件，名为 Gannalyst Professional。而本书大部分以此软件为主要绘图工具，国内热心网友更将它汉化。

而本软件最好之处是可以自行输入各国指数及股票数据，包括可以自行输入 CSV 格式的数据及 Metastock 的数据。本章节只会集中介绍此软件如何免费在通达信官网获取大行情及商品的数据，即 CSV 格式的数据，并在 Gannalyst Professional 中绘画江恩图。

下载地址如下：

http：//www.goodgupiao.com/soft/softdown.asp?softid=22909

http：//pan.baidu.com/s/1bpxh73p

下载后先将文件解压，之后安装主程序，如图 A1-2 所示。

 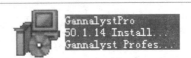

图 A1-2　主程序安装

再找出你的安装路径，一般来说是在 C：\\Program Files\\ Gannalyst Professional5.0 中，用汉化主程序覆盖原程序。如图 A1-3 及图 A1-4。

图 A1-3　汉化主程序

图 A1-4　汉化主程序覆盖及取代原来程序

如图 A1-5，之后在 C：\\Program Files\Gannalyst Professional 50\\Images 中找到 GannalystPro50.exe 这个文件删除。

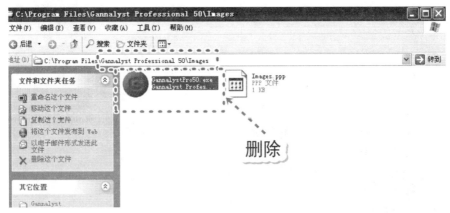

图 A1-5　在 Images 这个文件夹中找到 GannalystPro50.exe 文件，必须将它删除

之后汉化的 Gannalyst Professional 5.0 就能运作了，如图 A1-6。

图 A1-5　汉化的 Gannalyst Professional 5.0 主程序画面

那如何输入数据？我们必须借助通达信来导出数据，之后再输入到 Gannalyst Professional 5.0 运算。

先打开通达信，选免费精选行情登录，之后按登录。如图 A1-7。

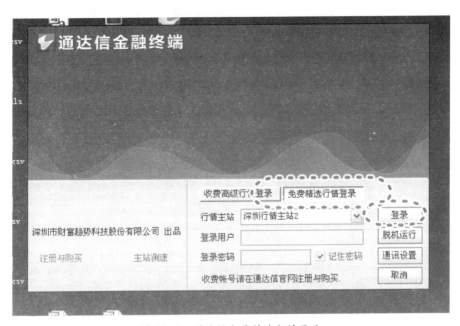

图 A1-6 通达信免费精选行情登录

第一次登入，最好先来一次盘后数据下载，先点系统然后点击盘后数据下载。如图 A1-8。

之后选取你需要的品种，选日线和实时行情数据，选择下载数据的时段。如图 A1-9。

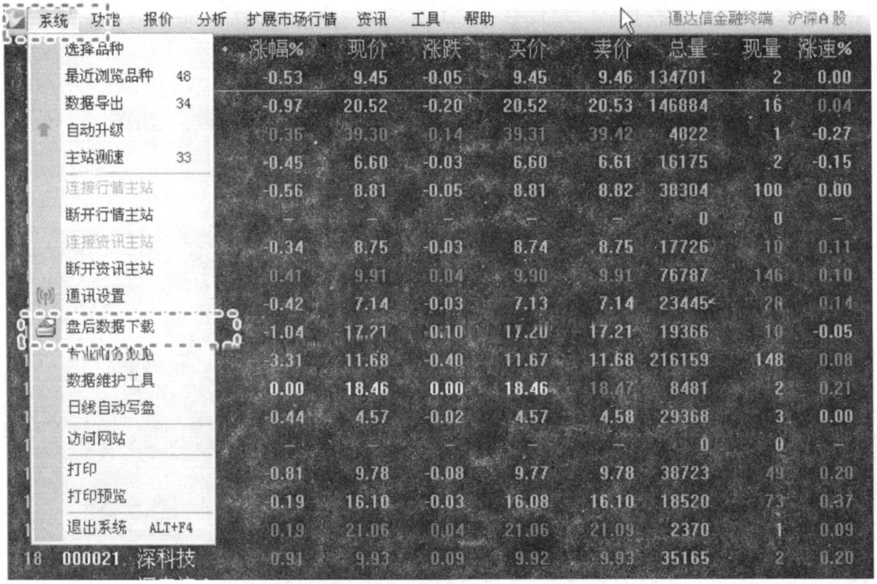

图 A1—7　盘后数据下载

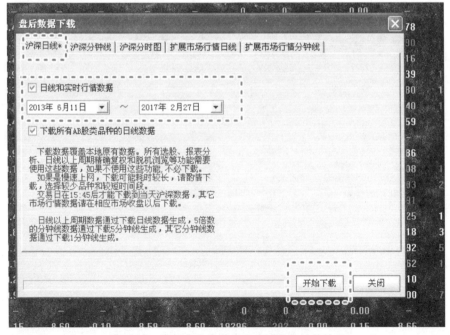

图 A1—8　选取你需要的品种及下载数据的时段

如图 A1-9 所示，之后在系统中，点数据导出。

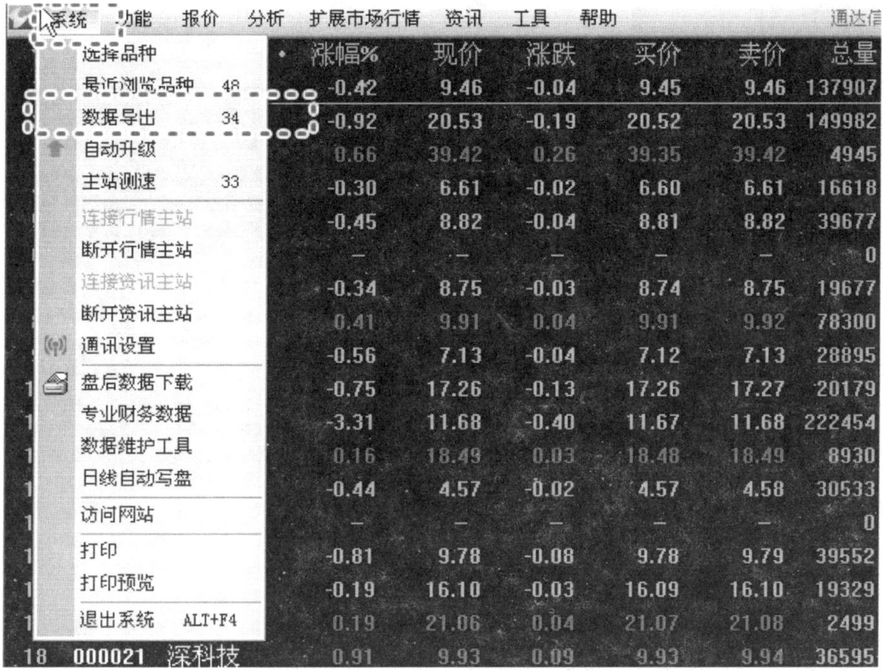

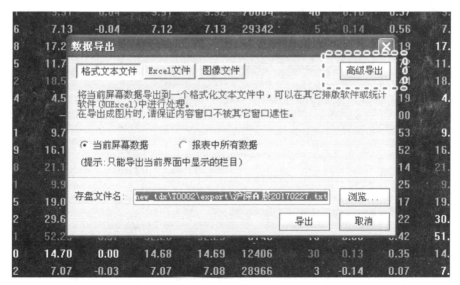

图 A1-9 数据导出

在图 A1-10 中的位置再点高级导出。

图 A1-10 高级导出

如图 A1-11，在高级导出的版面中，点添加品种，之后选你需要的品种。

图 A1-11　选你需要的品种

如图 A1-12，其后按开始导出就完成了。

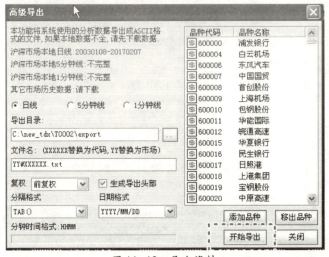

图 A1-12　导出资料

如图 A1-13 所示，成功导出后会自动弹出导出数据的路径，之后按鼠标右键，点“打开方式”，然后用 Microsoft Office Excel 打开文件。

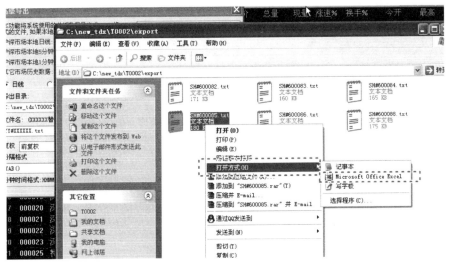

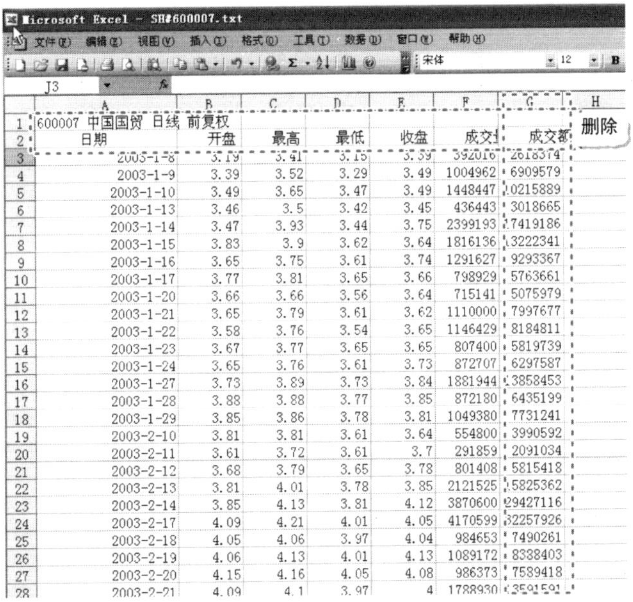

图 A1-13 用 Microsoft Office Excel 打开文件

如图 A1-14，之后将首两行的中文字及成交额中的所有数据全部删除。

	A	B	C	D	E	F	G
1	600007 中国国贸 日线 前复权						
2	日期	开盘	最高	最低	收盘	成交	成交额
3	2003-1-8	3.19	3.41	3.15	3.39	392016	2618374
4	2003-1-9	3.39	3.52	3.29	3.49	1004962	6909579
5	2003-1-10	3.49	3.65	3.47	3.49	1448447	0215889
6	2003-1-13	3.46	3.5	3.42	3.45	436443	3018665
7	2003-1-14	3.47	3.93	3.44	3.75	2399193	7419186
8	2003-1-15	3.83	3.9	3.62	3.64	1816136	3222341
9	2003-1-16	3.65	3.75	3.61	3.74	1291627	9293367
10	2003-1-17	3.77	3.81	3.65	3.66	798929	5763661
11	2003-1-20	3.66	3.66	3.56	3.64	715141	5075979
12	2003-1-21	3.65	3.79	3.61	3.62	1110000	7997677
13	2003-1-22	3.58	3.76	3.54	3.65	1146429	8184811
14	2003-1-23	3.67	3.77	3.65	3.65	807400	5819739
15	2003-1-24	3.65	3.76	3.61	3.73	872707	6297587
16	2003-1-27	3.73	3.89	3.73	3.84	1881944	3858453
17	2003-1-28	3.88	3.88	3.77	3.85	872180	6435199
18	2003-1-29	3.85	3.86	3.78	3.81	1049380	7731241
19	2003-2-10	3.81	3.81	3.61	3.64	554800	3990592
20	2003-2-11	3.61	3.72	3.61	3.7	291859	2091034
21	2003-2-12	3.68	3.79	3.65	3.78	801408	5815418
22	2003-2-13	3.81	4.01	3.78	3.85	2121525	5825362
23	2003-2-14	3.85	4.13	3.81	4.12	3870600	29427116
24	2003-2-17	4.09	4.21	4.01	4.05	4170599	32257926
25	2003-2-18	4.05	4.06	3.97	4.04	984653	7490261
26	2003-2-19	4.06	4.13	4.01	4.13	1089172	8338403
27	2003-2-20	4.15	4.16	4.05	4.08	986373	7589418
28	2003-2-21	4.09	4.1	3.97	4	1788930	3591591

图 A1-14 将首两行的中文字及成交额中的所有数据全部删除

之后选取 E 行（即原本收盘价的数据），并复制到 G 行。如图 A1-15 所示。

	A	B	C	D	E	F	G	H	I
	2003-1-8	3.19	3.41	3.15	3.39	392016	3.39		
	2003-1-9	3.39	3.52	3.29	3.49	1004962	3.49		
	2003-1-10	3.49	3.65	3.47	3.49	1448447	3.49		
	2003-1-13	3.46	3.5	3.42	3.45	436443	3.45		
	2003-1-14	3.47	3.93	3.44	3.75	2399193	3.75		
	2003-1-15	3.83	3.9	3.62	3.6		3.64		
	2003-1-16	3.65	3.75	3.61	3. 复制到	3.74		
	2003-1-17	3.77	3.81	3.65	3.66	798929	3.66		
	2003-1-20	3.66	3.66	3.56	3.64		3.64		
	2003-1-21	3.65	3.79	3.64	3.62	1110000	3.62		
	2003-1-22	3.58	3.76	3.54	3.65	1146429	3.65		
	2003-1-23	3.67	3.77	3.65	3.65	807400	3.65		
	2003-1-24	3.65	3.76	3.61	3.73	872707	3.73		
	2003-1-27	3.73	3.89	3.73	3.84	1881944	3.84		
	2003-1-28	3.88	3.88	3.77	3.85	872180	3.85		
	2003-1-29	3.85	3.86	3.78	3.81	1049380	3.81		
	2003-2-10	3.81	3.81	3.61	3.8	554800			

图 A1-15　将收盘价的数据复制到 G 行

图 A1-16，把文件拉到最后一行，看见数据来源：通达信，并将此行删除。

	A	B	C	D	E	F	G
3344	2016-12-28	17.03	17.07	17.07	17.30	8200285	17.30
3345	2016-12-29	17.34	17.38	17.14	17.33	2672682	17.33
3346	2016-12-30	17.29	17.44	17.09	17.27	2076854	17.27
3347	2017-1-3	17.29	17.47	17.29	17.43	2445700	17.43
3348	2017-1-4	17.43	17.75	17.28	17.67	3403982	17.67
3349	2017-1-5	17.58	17.58	17.28	17.42	3278832	17.42
3350	2017-1-6	17.38	17.85	17.25	17.71	3721131	17.71
3351	2017-1-9	17.71	17.9	17.56	17.72	2020402	17.72
3352	2017-1-10	17.7	18.2	17.49	17.92	4050763	17.92
3353	2017-1-11	17.82	18.09	17.68	17.85	2311722	17.85
3354	2017-1-12	17.85	17.88	17.62	17.69	1285600	17.69
3355	2017-1-13	17.53	18.1	17.25	18.06	2485889	18.06
3356	2017-1-16	17.9	18.51	17.73	18.33	7391746	18.33
3357	2017-1-17	18.33	18.33	17.95	18.21	1614800	18.21
3358	2017-1-18	18.17	18.54	18.07	18.22	1573154	18.22
3359	2017-1-19	18.21	18.4	17.94	17.94	1502305	17.94
3360	2017-1-20	17.95	18.15	17.9	18.04	1967307	18.04
3361	2017-1-23	18.04	18.36	18.04	18.13	710339	18.13
3362	2017-1-24	18.26	18.26	18	18.14	865834	18.14
3363	2017-1-25	18.14	18.22	18.05	18.17	811964	18.17
3364	2017-1-26	18.16	18.24	18.11	18.19	839270	18.19
3365	2017-2-3	18.19	18.25	18.1	18.2	617323	18.2
3366	2017-2-6	18.2	18.36	18.18	18.28	1215203	18.28
3367	2017-2-7	18.25	18.3	18.1	18.13	967478	18.13
3368	2017-2-27	19.64	19.64	19.64	19.64	0	19.64
3369	数据来源:通达信				删除		
3370							

图 A1-16　将此行删除

图 A1–17 中，最后把档案另存为 CSV 格式，并放在易找到的路径便可。

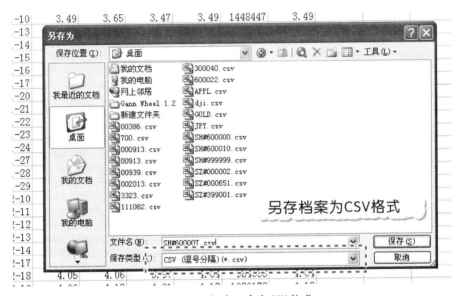

图 A1–17　档案另存为 CSV 格式

第一次输入该股票前，我们必须先配置 CSV 文件，步骤：另存为 CSV 档案后，于 Gannalyst Professional 5.0 中，按"新建组合"，并于"CSV 数据"中点"配置 CSV 文件"，如图 A1–18。

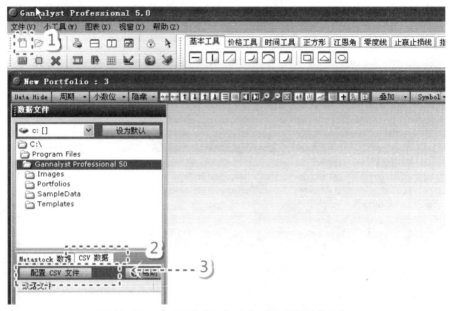

图 A1-18 在"CSV 数据"中点"配置 CSV 文件"

如图 A1-19，其后在"配置 CSV 数据文件模版"中选之前的档案，之后按 Next。

图 A1-19 配置 CSV 数据文件模版

如图 A1-20 所示，其后选择 Date、Open、High、Low、Close Volume、Open interest 等，再按 Next。

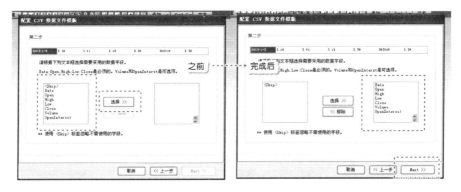

图 A1-20　选择 Date、Open、High、Low、Close Volume、Open interest 等

如图 A1-21，选择 CSV 中的日期格式，如图中的格式为 2003-1-8，那就应该选 YYYY-MM-DD，之后按"检测读取数据"和 Save Format。

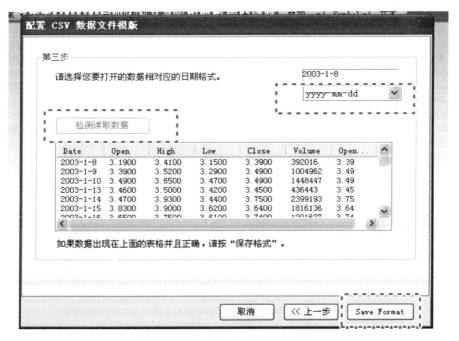

图 A1-21　选择 CSV 中的日期格式

如图 A1-22，最后再按一次"新建组合"，选取你储存 CSV 的路径，之后选取"CSV 数据"，再选取你需要的档案，就完成整个输入程序。

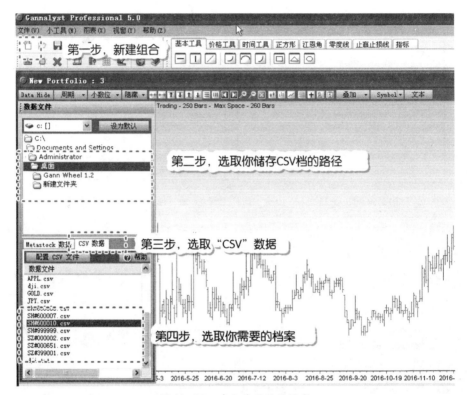

图 A1-22　选取你需要的档案

附录 II 过去笔者曾发表过的文章

股市是一个生命体

江恩曾讲过："我们拥有一切天文学及数学上的证明，以决定市场的几何角度为什么及如何影响市场的趋势。"

江恩理论中，认为股市是一个生命体，根据一定的节奏去运作，周而复始，生生不息。而节奏我们可以在周期理论及数学上去推算市场的走势（顶或底部），去增加胜算。利用不同的周期循环，我们可以推算出 2015 年 6 月及 2015 年 9 月两个月份。过去每次周期循环都会产生不同的顶部及底部。目前大市是否已到顶部仍言之过早。从价格来看，周线图中，大市目前仍然跟踪图 A2-2 的上升轨道行走，只要不跌穿 27050 点，大市仍有机会于未来 1—2 个月内挑战道路顶部 29600 点，分析日线图也是得出同样结果。

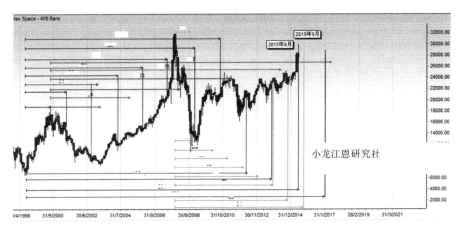

图 A2-1 恒生指数月线图

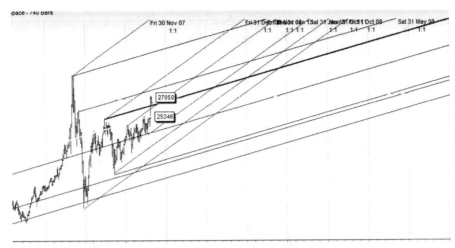

图 A2-2　恒生指数月线图

所以我大胆做出一个结论，如果大市不跌穿 27050 点关口，6 月有机会见顶，其后回调。假如跌穿，即要跌到下一关口 25346 点。但不论 6 月会否见顶，或实时跌穿，9 月都有机会是未来几年一个很好的大买点！

现在我们的计划是，只要跌穿 27050 点关口（以收市计），即把手上持仓减低。

短线方面，相信水星逆行的波动，大家都体会很深。目前下一个转势日为 6 月 2 日，只要于 6 月 2 日不跌穿 27050 点，而收市在低位，之后有机会反弹。反弹力量到时再论。

结果，恒生指数最终于 6 月约 28500 点回调至 9 月的约 20368 点后反弹至约 23423 点。

写于 2015/05/31

江恩港股分析：江恩长期分析

于 6 月写下 "6 月有机会见顶，其后回调。假如跌穿，即要跌到下一关口 25346 点。但不论 6 月会否见顶，或实时跌穿，9 月有机会是未来几年一个很好的大买点！"

目前恒生指数已经由 6 月开始回调，月线图经历了四只阴烛，而这个月也有机会见阴烛，看来我的分析对的概率几乎到了九成，写下此分析，一路走来从没改变，中间没有删减增改。这是来自于对自己的信心及对追求技术的一种固执。

从一直依赖的周期图表来看，下一个月，即 10 月将会走入新的周期线范围，从过去几次的周期来看，大市走势很大机会转势及反转。

而大市是否能够到底，仍有待商讨，不过我个人认为大市底部最多不会低于 19200 点左右，其实 9 月早前的大跌已经见了底部。

另一方面，水星逆行于 10 月 10 日左右完结，中国于 10 月召开会议讲十三五规划，大市走势很大机会转势及反转。当然，每次反弹市，振荡很大，所以我个人认为，如果稳阵，可以先观察，再考虑如何部署，或留意我的更新。而走势可能于月中之后才会明显。

总的来讲，10 月是重要的转折点，如果 10 月真的转折，那市场就如同我的分析"只要 9 月不死，还有未来几个月的好光景"。

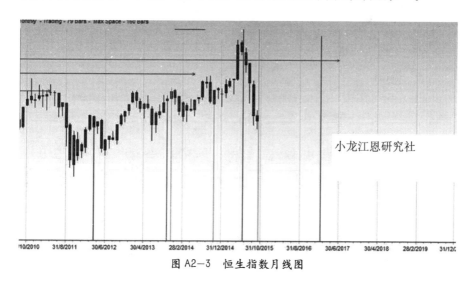

图 A2-3　恒生指数月线图

结果恒生指数最终于 6 月约 28500 回调至 9 月的约 20368 点后反

弹至约 23423 点。

写于 2015/09/28

江恩长期分析：10 年、30 年周期展示 2017 年

江恩理论中，认为圆形是一个完整的周期循环，圆的特点是"周而复始"，由圆周的任何一点起行，最终都回归到起点。

在江恩的周期理论之中，30 年周期循环是理论核心之一。

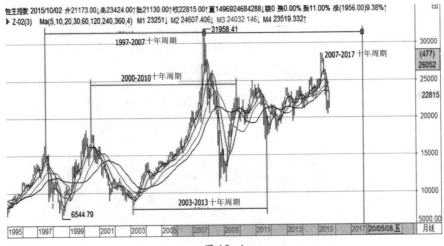

图 A2—4

如果我们再将 30 年周期以江恩比率去分割，会得出 7.5 年（360 × 2/8）、15 年（360×4/8）及 22.5 年周期（360×6/8）等，假如我们以 1987 年香港股灾为例，7.5 年之后 1994 年再次发生股灾，1994 年股灾是因为 93 年时外资对红筹炒作热潮，1994 年美国连连加息 7 次令其大跌。至于 15 年后，约 2002—2003 年，发生禽流感，使股市大跌。到 22.5 年即是 2009 年，金融海啸让恒生指数跌到谷底。而 30 年后正是 2017 年。

如果时间按其他重要的年份开始都一样推到 2017 年，2009 年的 7.5 年后，即 2016.5 年，2002-2003 年 +15 年即 2017+2018 年，1994 年 +22.5 年即 2016.5 年。

江恩同样重视 10 年周期循环，几句俗语"十年人事几番""十年黄金变烂铜"和"十年河东转河西，莫笑穷人穿破衣"，真正指出 10 年周期循环的精要。

10 年是 30 年周期的 1/3，接近最大行星木星绕太阳公转的周期 11.86 年，所以 10 年周期极为重要。

以 10 年周期论，恒生指数 1997 年高位 10 年后再次于 2007 年发生高位，而 2000 年高位于十年后，再次于 2010 年发生高位，2003 年的低位于十年后 2013 年再次发生。目前笔者持笔正值 2015 年 10 月，不论 30 年周期、10 年周期，都直指 2017 年。

统计发现，7 年魔咒由 1973 年石油危机开始，1980 年美国开始陷入衰退，1987 年全球股灾，1994 年美国突然首次大幅加息，重挫债市，2001 年"9·11"恐袭令股市重挫，以及 2008 年次贷危机令全球开始量宽。

江恩经常说："只要找到一个正确的起点，就有正确的结果。""已有的事后必再有，已行的事后必再行，日光之下并无新事。"

那如此推论，在此我再一次大胆做出预测，2017 年恒生指数不论 30 年周期或 10 年周期，各种迹象都表明 2017—2018 年有机会是这个 10 年周期的顶部，如 2007 年。

当然，循环有大有小、有长期、有中期也有短期。因此，循环中又有循环，互相重叠，轮中有轮。2017 年前，股市必定包含一些中期振荡。黎明前是黑暗的，江恩曾说："如果你值得教导的话，我会给你一个主宰的数字及主宰的字句。"而我小龙会说："时间到了，我会为大家做出关键的分析。"

写于 2015/10/29

小龙江恩 2016 年走势分析

2016 年将是一个震荡的年代，这次写的不含风水八字，只是利用江恩周期理论去分析。

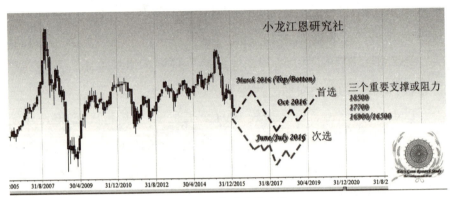

图 A2-5　楼市价格走势

先论楼市，2012 年已直指 2015 年是楼市的转势点，我的看法是未来楼市会于 2016 年回调之后找到支撑反弹，再于 2018 年急跌至低点。

至于股市方面，今年有两个关键的时间点，3 月及 6 月。目前 2 月反弹的分析成立的先决条件是不穿 18500，但是 3 月将会是下跌浪的中途站，出现顶部或底部。于 6 月中至 7 月头左右有机会见到一个明显的底部，那将是一个时间聚集点，可能是未来一个大买点。

还记得我们之前的文章"江恩长期分析：10 年、30 年周期展示 2017 年"，当时写："我们以 1987 年香港股灾为例，7.5 年之后 1994 年再次发生股灾，1994 年股灾是因为 1993 年时外资对红筹炒作热潮，1994 年美国迭连加息 7 次令大跌。至于 15 年后，约 2002—2003 年，发生禽流感，令到股市大跌。到 22.5 年即 2009 年，金融海啸令恒生指数跌到谷底。而 30 年后正是 2017 年。

如果时间由其他重要的年份开始都一样推到 2017 年，2009 年的 7.5 年后，即 2016.5 年，2002－2003 年 +15 年即 2017+2018 年，1994 年 +22.5 年即 2016.5 年。"

时间聚集点正是 2016.5 年及 2017 年，换句话说，2016.5 即是 2016 年年中。

目前首选走势是 3 月见顶部之后，再一次回调至 6 月左右见底，其后反弹至约 10 月左右回调再向上冲。高点于年尾发生。

次选是 3 月见一个底部之后，于底部横行，于 6 月左右再向下跌到底，其后反弹至约 10 月左右，回调再向上冲。高点于年尾发生。

结果 2016 年 3 月见顶部之后，再一次回调至 6 月左右见底，其后反弹至约 10 月左右回调再向上冲。高点于年尾发生。与笔者分析一样。

写于 2016/02/10

中秋平仓庆团圆

笔者在先前提出 9 月 1 日的重要日期后，该恒指单日反转，到执笔时已经升幅接近 1200 点。执笔时中国保监会发布《关于保险资金参与沪港通试点的监管口径》，标志着保险资金可参与沪港通试点业务。另一方面，金价在 9 月 1 日的重要日期中见底反弹，升至 1351 点水平，及后到了 9 月 7 日白露节气升势略为回调。而有留意本栏及参加了我跟 IMONEY 8 月合办的分享会的读者应不会感到意外。再一次带领读者"赢在转势"。

"当时间到达，成交量将推动价位升跌。"笔者一直在不同场合多次指出 23400 点及 24000 点是本次升浪的目标。而早在 2 月，笔者已经多次指出 6 月尾至 7 月初见底，其后会反复升到 10 月或之前。如今已经全部实现预言，那之后又如何？

首先在使用黄金比率量度跌浪的反弹幅度中，以50%及61.8%的比率最为重要。23400点（50%）已经突破，而恒生指数的61.8%在24650点。因此，24000点是利用江恩线在月线图中的强力阻力及利用江恩轮中轮而得出的结果。

关于时间上，在9月1日之后的重要日子有9月19日、23日或10月18日、21日。在此之前我曾指出，9月19日、23日混合了几个周期，包括中秋节，9月17日月食及9月19日、23日的江恩周期。相信，到时恒生指数波幅有机会加大，或者转势。至于恒生指数是否会挑战61.8%于24650点或者25100点（66.6%）已经不是笔者关心的事情。笔者一早明言，我会于23400点及24000点分段开始平仓，时间在9月中至9月尾。所以我会开始积极平仓清货，过一个丰盛的中秋节。

写于2016年9月10日《香港经济日报》旗下的《智富杂志》"赢在转势"专栏，结果恒生指数于中秋前9月9日当日见顶，其后一个星期单日曾回调超过1000点。

如果2017年是牛市（一）

本期出版时笔者正值外游，所以笔者本星期将会写一些比较长线的分析。江恩理论中，认为圆形是一个完整周期循环，圆的特点是"周而复始"，由圆周的任何一点起行，最终都回归到起点。在江恩的周期理论之中，30年周期循环是理论核心之一，利用周期将展示推论2017年及2018年将是重要转折的年份。

以1987年作起点，利用30年周期作不同的江恩分割，你将会计算到7.5年（1994年）、15年（2003年）、22.5年（2009年）都不约而同发生股灾，而第30年正是2017年。如果时间由其他重要的年份开始都一样推到2017年，2009年的7.5年后，即2016.5

年，2002-2003 年 +15 年即 2017+2018 年，1994 年 +22.5 年即 2016.5 年。

另一个方法由 1987 年 10 月作为起点，每约 120 个月恒生指数将会见到一个牛市的高点，包括 1997 年（118 月后）、2007 年，如果一直推下去将会见到 2017 年 10 月。而如果利用神奇数字做推算，即 1、2、3、5、8、13、21、34、55，以 2016 年 2 月做起步点，第 21 个月即 2017 年 10 月，同样由 1997 年做起点开始推算 21 年即计算出 2018 年。那么在统计上，2017 年有机会见一个高点或牛市，而 2018 年是熊市的可能性是存在的。

江恩曾说："数学是唯一精确的科学，所有地球及天上的力量都是由简单数学所统治。"而笔者的著作中更提出股市是一个生命体的理论。在江恩理论中认为，每一个指数、商品及股票都是独立的生命体。而这些生命体皆有自己的轨迹及波动，这些轨迹皆由简单数学去统辖。恒生指数亦不例外，下面表格总结了恒生指数每一次的高点、低点跟数学的关系。

表 A2-1

起点	终点	数学关系
6890 点 （1995 年 5 月）	16820 点 （1997 年 8 月）	2.44 （开方 7）
6544 点 （1998 年 8 月）	18397 点 （2000 年 3 月）	2.8 （开方 8）
10917 点 （2004 年 5 月）	31958 点 （2007 年 10 月）	1.604 （1.618 黄金比率）
31958 点 （2007 年 10 月）	10676 点 （2008 年 10 月）	2.99 （开方 9）
16170 点 （2011 年 10 月）	28580 点 （2015 年 4 月）	1.76 （开方 3）

写于 2016 年 10 月 8 日《香港经济日报》旗下的《智富杂志》"赢

在转势"专栏。

如果 2017 年是牛市（二）

正如笔者在 10 月或之前（9 月中）回调的预测，执笔时恒指低见 23006 点。笔者自中秋之前（9 月 9 日）在 facebook 及本栏叫清仓之后，大市已经由 24400 点回调至约 1400 点，再一次带领读者赢在转势。

笔者多次提出几个年份，包括 2016.5 年、2017 年及 2018 年。上星期本栏亦指出"2017 年有机会见一个高点或牛市，而 2018 年是熊市的可能性是存在的"的假设，产生极大回响，很多朋友电邮给笔者希望我再为 2017 年或之后高点做一些预测。

上星期本栏曾展示了恒生指数历史高低点的数学关系。读者可以发现，其实恒生指数历史高低点都存在不同的黄金比率或开方根的数学关系，亦印证了江恩所说的"所有地球及天上的力量都是由简单数学所统治"。举一反三，我们利用之前开方根数或黄金比率，可以对恒生指数之后走势做出预测。而目前假设 18279 点是低点，那我们以 18279 乘上不同开方根或黄金比率从而预测之后高点位置。

表 A2-2

起点	数学	关系目标
18279	开方 2	25846
18279	1.618	29575
18279	开方 3	31622
18279	开方 4	36558
18279	开方 5	44600

上面表格即说明，如果恒生指数要步入牛市首先第一个位置即要

升穿25846点。而江恩百分比的62.5%、66%分别处于24722点、25155点。如笔者之前分析，恒生指数可能6月底、7月初见底后反弹，到10月或之前（9月中）回调之后年尾再一次向上。恒生指数及道琼斯指数执笔时仍处于23000点及18000点两个重要支撑位僵持不下，如跌穿即会试22500点、22200点。如之后年尾要见高位，恒指不应跌穿21700点支撑位。

写于2016年10月15日《香港经济日报》旗下的《智富杂志》"赢在转势"专栏。

2017—2024 年预测（三）

笔者曾利用江恩三年周期预测恒生指数在2016年6月后将见底部，2017年将见高点或牛市，而2018年将是熊市或见底点。当时写道："30年周期中，以1987年香港股灾为例，我们加以不同的江恩分割，7.5年之后，1994年再次发生股灾，这次股灾是源于1994年美国迭连加息7次，引发大跌。至于15年后，约2002—2003年，发生禽流感令股市大跌。22.5年后，即2009年，金融海啸令恒生指数跌到谷底。而30年后，正是2017年。如果时间由其他重要的年份开始都同样推到2017年，2009年的7.5年后，即2016年6月；2003年+15年即2018年；1994年+22.5年，即2016年6月。"

我们可以通过江恩的周期理论利用不同的"历史重要的时间"去推算之后重要的关键时间。本文利用两个近代中国百年重要事件发生的时间作起点，套上江恩30年周期及江恩分割为之后未来几年走势做出预测。

江恩预测时间的理论印证了万物，包括股市、时间及历史事件皆按规律去运行及重复。如江恩经常引用《圣经》中的话："太阳之下并无新事"。而上面我们知道，中国历史利用江恩理论30年周期分割皆有重要事件发生。将来在 2016 年、2019 年、2021 年及 2024 年会在中国历史上有重要事件发生。而这些时间对投资有什么启示则下期再论。

写于 2016 年 12 月 3 日《香港经济日报》旗下的《智富杂志》"赢在转势"专栏。

2017—2024 年预测（四）

过去几期以江恩周期，中国历法中的九运开始日期（2018 年和 2024 年）、香港楼市周期及股市周期汇聚了几个时间，包括 2017 年、2018 年、2021 年及 2024 年。2016 年快完结，那 2017 年何去何从？

坊间愈来愈多人提出港股逢 7 必灾或逢 7 必升，却说不出所以。而在占星学上江恩理论上对此有很明确的理据。笔者早在 2016 年 10 月 8 日本栏中以"如果 2017 年是牛市"连续两期讨论 2017 年牛市的可能性，在此再深入讨论。

在经济的周期循环中除了 30 年周期之外，10 年周期亦统治经济发展。为何是 10 年？ 10 年周期在占星学上与木星周期及太阳黑子周期吻合。吴师青于 1972 年出版的《天运占星学》描述太阳黑子周期为 11 年 2 个月 20 天。太阳风暴周期分初、中、高阶段，初期三年经济处于不景气低迷，中期三年经济发展复苏后腾飞，末期五年之头两年，经济股市巅峰过热。末期五年之后三年，股市经济泡沫爆破而恐慌萧条。

我根据吴师青书中，1952 年开始，制作了一个周期表。图中指出 2006 年是巅峰过热，之后 2007—2008 年是萧条后慢慢复苏。而下一个周期的巅峰将于 2017 年出现。

以为太阳黑子不科学？其实国外多个大学发表了大大小小研究太阳黑子及经济周期的关系。贝纳价格周期理论亦印证了 10 年经济周期，1875 年贝纳曾写过一本书名为《未来价格涨跌的商业预言》提出商品及股市不停重复 9—10 年见顶规律，而根据计算，每隔（20-1+16）年将是经济环境的不变定律。如 2009 年低点加 9 年即 2017 年，而 2007 年加 16 年即 2023 年。与江恩 30 年周期吻合。

除利用 30 年江恩周期推算出 2017 年的时间外，也可利用神奇数字作推算，即由 1、2、3、5、8、13、21、34、55。由 1987 年 10 月作为起点，每约 120 个月到恒生指数到一个牛市的高点，包括 1997 年（118 月后）、2007 年，如果一直推下去将会见到 2017 年 10 月。以 2016 年 2 月做起步点，第 21 个月即 2017 年 10 月，2017 年有机会见一个高点或牛市。如果推论成立，2017 年高点将会发生于 2017 年 10 月前后一至两个月附近。

配合了之前几期对江恩周期的分析，得出包括 2017 年、2018 年、2021 年及 2024 年几个未来周期汇聚的时间。我们利用江恩周期得出 2017 年牛市是高概率的事件。根据太阳黑子周期、三元九运论及江恩周期，如果 2017 年是巅峰过热，那么 2018 年之后有可能进入萧条循环。

写于 2016 年 12 月 23 日《香港经济日报》旗下的《智富杂志》"赢在转势"专栏。

2017—2024 年走势预测（终）

江恩经常说："只要找到一个正确的起点，就有正确的结果。""已有的事后必再有，已行的事后必再行，日光之下并无新事。"笔者在之前连续利用了江恩周期、三元九运去分析楼市、股市及经济周期，今期将会为大家做一个总结。

图 A2-6

首先，未来八运转入九运的时间为 2018 年、2024 年，在早前的文章中我们曾讨论每次在大运之间交接期间，经济或股市经常会出现恐慌或洗牌的情况。1983—1984 年，时间由六运转入七运，当年出现港元危机。2003—2004 年，七运到八运的时间，沙士病毒在香港小区暴发。

2018 年及 2024 年亦符合香港楼市周期的推算，香港楼市以 6 年为一个周期及 3 年为次一级周期，以 1997 年开始推算，每次周期转折皆有稳定的节奏，如 2000 年（顶）、2003 年（底），2006 年（顶）、2009 年（底），2012 年（顶，但没有回调）。如 2015 年是顶部的话，那 2018 年将是见一个底位，及后按照推论应反弹至 2021 年见顶后，并于 2024 年见底。

恒指每 120 个月周期见高位。假如 2017 年是牛市或见高点，那 2018 年楼市周期及三元九运周期在统计上都是回调的机会大。如推算正确，2018 年可能出现股楼齐跌的情况。约 2019 年初反弹至 2021 年，其后再次向下至 2024 年。

今明两年建议读者避开债券及楼市的投资，特别是以杠杆投资债券或相关产品。而楼市每次下跌主因都不是内部需求或供应问题，过去几次都系外围经济因素使香港楼市回调，包括 1997 年及 2008 年。

至于读者如何自处，引用推背图中最后一卦"茫茫天数此中求，世道兴衰不自由，万万千千说不尽，不如推背去归休"。

写于 2017 年 2 月 4 日《香港经济日报》旗下的《智富杂志》"赢在转势"专栏。

2018 年股市前瞻（一）

"2018 年是大上大落的一年，不排除仍有高位。但无论如何，2018 年都是凶险的一年。"开门见山，2018 年将是凶险的一年，笔者早在本栏曾以金融海啸 2.0 形容 2018 年，或者年内会出现一个大的回调。

至于 2018 年大市到底走势如何，笔者早在本栏多次利用江恩理论的周期，得出未来几个重要的年份，包括 2016.5 年、2017 年、2018 年、2021 年及 2024 年。如我们提出的香港楼市周期、中国楼市周期、中国历史不同的起点、江恩 30 年周期等，周期都不约而同汇聚在 2018 年。

2018 年的开局将是在美国量化宽松的十年之后，2017 年美股连创新高，港股十年后再挑战三万点的时候。如江恩所说"太阳之下并无新事"，笔者在 2016 年已用周期向读者展示笔者的理论的真实性，而 2017 年的牛市是最好的证据。2017 年是否如笔者所言"在 2018 年下跌前的最后派对"呢？

在此，笔者认为 2018 年是一个大起大落的年份。笔者重提我们预测 2017 年的开方根方法：假设 18279 点是低点，那我们以 18279 乘上不同开方根或黄金比率从而预测之后高点位置，如 18279 的开 2 次方是 25846，18279 的 1.618 黄金比例是 29575，18279 的开 3 次方是 31622，18279 的开 4 次方是 36558 及 18279 的开 5 次方是 40873。而目前恒指在前期曾试 31300 点，而在作者执笔时亦在

29575 点之下。

那恒生指数是否出现更高位，还是见顶？目前，打开恒生指数现货的日线图看，虽然回调了 2000 点，唯见顶的信号不明显。相反，如打开恒指指数期货（包夜期）的图表来看，恒指则有明显的见顶信号。但即使再有高位，恒指要突破 32000 点也不容易。假如恒指未能突破 32000 点，将形成三顶阻力。同时间，月线图及周线图的江恩 1×1 线在 30100 点。一旦未能突破，回调幅度或以万点去量度。

目前恒生指数有两个时间点，其中一个在 2 月。那如果 1 月在高位，或者破新高，那读者必须小心之后的走势，反之亦然。但事实上读者必须留意第二季至第三季的走势，恒指会出现极大地回调。详细情况留待之后网聚中分享。

2018 年的重点是随时走鬼，或者 2018 年是修身养性的一年。2018 年"地火明夷，明入地中，君子用晦而明"。韬光养晦，等待时期或是保身之道。

本栏读者在 2017 年应该是丰收的一年，回想 2016 年第一期的标题就是"六月见底"。在 2016 年 10 月本栏开始以"如果 2017 年是牛市"以江恩理论的角度去用不同的周期及方法指出 2017 年牛市的可能性，并指出恒指今年的目标在 28500—32000 点，准确指出 7 月大升及强调看好内银内险的版块。一切亦要感谢 IMONEY 的编辑部给予机会让笔者在此分享。

写于 2017 年 12 月 21 日《香港经济日报》旗下的《智富杂志》"赢在转势"专栏。结果，恒生指数在 2018 年 2 月及 6—8 月大幅下跌。

2018 年股市前瞻（二）

2018 年是一个周期汇集的时间，除了股市之外，香港楼市与中国楼市都在不同的起点，用江恩周期的理论分析直指 2018 年。到底

2018 年楼市会如何？

留意本栏的读者，应很清楚笔者的观点是看淡 2018 年的楼市走势。这是早于 2015 年得出的结论。2018—2021 年，多个连接两地的基建落成启用，如港珠澳大桥、莲塘口岸等。而一旦此等基建落成，交通便利会让周边城市的楼房成为香港未来最大的潜在经济供应量之一。一小时生活圈会使香港人更频繁到内地工作或居住。另外，加息到银行业拆息抽高，最终拉升最优惠利率。不过，以上我都不认为是楼市最大的危机。

过往楼市的泡沫爆破，必须伴随着一个失业潮。过去自 2009 年之后政府为挽救中小企推出了不少的担保融资计划。但这几年贸易或制造业，因内地政策不配套、工人成本上升，生意淡泊，很多中小企业都将自己的物业抵押给银行以做融资换取银行透支额度。但因资金紧张，很多中小企业大部分都是把整个额度完全透支，每月只是还息。过去几年楼市上升，这些中小企业因抵押品价值上升所以容易在银行手中获得新的资金。但因近年贸易或制造业生意困难，部分公司开始将抵押的物业进行二次抵押，而首按银行在每年的检讨中亦照样放行。美国开始提倡美国优先，同时如果环球经济出现大逆转，或者楼市出现三成以上的跌幅，会迫使此等中小企业出现资金紧张遭银行追还贷款。最后开始产生骨牌效应。

内地楼市在周期上亦是直指 2018 年，2018 年中国楼市会出现突然的下跌。内地各地实施限购令，却迫使资金流向二线或三线城市。笔者在今年因工作关系到访了几个内地城市，发现部分二三线城市基本上都是新盘，大部分酒店及楼房都是近两三年落成。其中一个城市有百个新盘发售。或者限购令是一个引资到二三线楼市投资的工具。其中一个目的是解决地方债及令二线城市城市化。但问题是，大部分内地新发展的二三线城市硬件落后许多，大多房产投资比需求大得多，所以，我觉得内地楼市的回调也是高概率的。总的来说，如果楼价下跌超过三至五成，笔者不意外。

这是 2017 年的最后一期，感谢 2017 年的支持及爱护，祝读者圣诞快乐及新年快乐。

写于 2017 年 12 月 30 日《香港经济日报》旗下的《智富杂志》"赢在转势"专栏。

2018 年股市前瞻（三）

2018 年笔者曾多次重复一个重点，首先必须留意及小心债券，其次为楼市，最后才是股市。2018 年的开始，不单是股市上升，而且美债的息也大幅上升。提防债券的熊市很快会重来。

全球由美国为首十年的量化宽松政策，不单美国，欧洲其他国家也开始减小买债规模。而根据《彭博》报道，量化宽松政策的始祖日本央行（日银）9 日凌晨宣布，针对 10—25 年期以及 25—40 年期的日本国债购买金额，分别减少 100 亿日元，也就是 10—25 年后到期的日债从原先的 1800 亿日元增至 1900 亿日元，25—40 年后到期的日债则调降为 800 亿日元。

同时，传统美债无风险收益率，但是因为量化宽松让一些新兴市场债券及垃圾债成为近十年来市场的新宠儿。而且近十年来美股其中一个最大的上升动力是因为公司可以低息发债去做回购，或者能够以债度日去发展一些赔本的生意。但未来可以吗？

笔者多次提出美国不论 10 年或者 35 年的债息都成了一个均等的 35 年周期，此 35 年是 1946—1981 走了 35 年的熊市，1981—2016 走过了 35 年的牛市。而在 1981 年至 2016 年之间有一条约 20 年不破的下降轨，在这几天，美债急升的时间升穿了。先不要说美债会走 35 年的熊市，如果美债未来几年的反弹幅度是 0.236 的黄金比率，那十年美债也要上升约 4.6 厘，反弹至 0.386 点约 6.78 厘。美债的上升正常情况下其他国家或公司债券定要上升其发债息率（即价格下跌）。但是如果市场突然出现一些突发因素，那其震荡的恐怖不容小看。所以，2018 年小心债券熊市引发的灾难。

写于 2018 年 1 月 13 日《香港经济日报》旗下的《智富杂志》"赢在转势"专栏。结果，在 2018 年新兴市场及美债都出现大幅下跌。

2018 年股市前瞻（四）

"已有的事后必再有，已行的事后必再行，日光之下并无新事。"周期循环，生生不息。地球围绕太阳公转一圈为 365 日，月球为 354 或 355 日。美国机械工程师威列斯·威尔德、相当强弱指标及 RSI 的发明者曾经说过股市的运作跟太阳、月亮及潮沙有关。美国人嘉露兰发明了螺旋历法。笔者利用江恩理论准确预测了恒生指数 2017 年发生牛市。

康德拉季耶夫长波将经济周期分成 60 年，诺贝尔经济学奖获得者西蒙·史密斯·库兹涅茨，提出经济中存在长度为 15—25 年不等的长期波动。朱格拉周期提出了市场经济存在着 9—10 年的周期波动。2018 年在中国的历法中，天干地支是戊戌，并且每次年份是 8 字尾的时间是戊的天干。在此以上周期做一个统计：

表 A2-3 关于戊戌年份发生的事件

年份	事件
1898 年	戊戌变法开始，最终光绪帝被软禁于中南海瀛台，慈禧重新当政。
1838 年	林则徐禁烟，次年发生鸦片战争。

表 A2-4　关于 8 字尾的时间发生的事件

年份	事件
2008 年	发生金融海啸及次级房屋信贷危机爆发后，投资者开始对抵押证券的价值失去信心，引发流动性危机。即使多国中央银行多次向金融市场注入巨额资金，也无法阻止这场金融危机的爆发。终于导致多家相当大型的金融机构倒闭或被政府接管，并引发经济衰退。
1998 年	亚洲金融风暴，亚洲国家的货币、股票市场和其他资产的价值暴跌，香港楼市及股市大跌。
1988 年	1987 年 10 月开始股灾。当日全球股市在纽约道琼斯工业平均指数带头暴跌下全面下泻，引发金融市场恐慌。至 1988 年才见底回升。
1978 年	中国开始改革，是中国经济的重要转折点。
1968 年	美国标准普尔 500 指数由 1968 年 12 月至 1970 年 5 月下跌了 36%，由于高通胀利率走高，放款利率高达 8.5%。

如果将以上的时间推至前后 1 年，将会有更多历史事件纳入表格内。至于以上统计是否精密，"茫茫天数，世道兴衰，万万千千说不尽"。至于近期股市是在头部附近活动。

写于 2018 年 1 月 28 日《香港经济日报》旗下的《智富杂志》"赢在转势"专栏，结果，香港股市在 2018 年大幅下调。

2018 年股市前瞻（五）

股市在上周回调过 1000 点，正是之前笔者提及的时间附近。而在一月的大升过后，投资者又开始疯狂起来。而 2018 年 1 月除了股市大涨之外，债市特别是美国的国债债息急升。但笔者认为，2018 年首先必须避开债市，其次为楼市及股市。

美国国债如笔者在本栏多次提及，美国国债由 1946 年下跌到 1981 年，而从 1981 年到 2016 年，而中间形成了一个 35 年的上升及下跌周期。周期在 2016 年已经完结，而在 2018 年 1 月的上升已经升破了超过 20 年延伸的下降轨道。在技术上美债已经很大机会见顶。而且有机会进行一个大型的调整,如果没有特别大的因素发生,本栏预期美国 10 年期值利率将有机会在中短期内重上 3 以上,或中长期以 0.382 的回调为计,或者值利率回升 5 至 6 以上也不过分。而且可以预期债券的熊市或会重来。

美债的上升或者会影响息率敏感的股份,如内房股等,美债急升或令息率敏感的企业的融资成本上升,突发性的股市震荡或突破出现资不抵债的连锁事件。当然,我们很难量化债券升到什么位置,就会影响到股市几多。近日,美国财政部全面增发各期限债券,预期美债的息率会持续抽高。相信如此下去新兴市场相关的债券将会受压,2018—2019 年是高危时间。所以,2018—2019 年读者必须在债券市场减持杠杆,小心发生流动性风险。而美汇处于弱势,亦不排除美国开始发动货币战。

至于股市方面,1 月 31 日发生血月月食、蓝月、血月和超级月亮 3 种天体现象,上一次发生在 152 年之前。2 月 4 日为立春。2 月 8 日为朝鲜阅兵及美国债务上限的最后限期。近日股市开始节奏性改变,且变作波动。暂时高位是 33500 点,而之前 2007 年高位是 31900 点,请投资者留意,如跌穿 31900 点,之后股市的走势会否明显转差吧。

写于 2018 年 2 月 3 日《香港经济日报》旗下的《智富杂志》"赢在转势"专栏,结果 2 月 4 日之后恒生指数下跌,而香港、内地房地产股份也见高位回调。

预测实战案例：

A 股三年之内再见牛市？

笔者曾多次利用江恩理论提前预警了过去几年香港证券市场的走势，如 2017 年牛市，2018 年熊市等。当然，最重要的不是讨论昨天走势如何，而是明天会怎么走。今天我们作出一个预测，三年之内 A 股将再见牛市。

江恩曾经讲过"太阳之下无新事"，"时间永远走在价格及成交量之前"。江恩理论认为圆形是一个完整周期循环，圆的特点是"周而复始"，由圆周的任何一点开始，最终都会回归到起点。因此，我们在一个正确的起点开始推算，那就可以知道未来股市的拐点在哪儿。

在江恩理论当中，30 年循环周期是一个非常重要的循环，因为 30 年共有 360 个月，恰好是 360° 圆周循环，所以是循环周期的基础。而把 360° 分成 5 个次一级循环，就分别得到 7.5、10、15、20、22.5、30 年循环周期。

以 1987 年香港股灾为例，按江恩 30 年循环周期理论，7.5 年之后，在 1994 年再次发生股灾，这次股灾源于 1994 年美国接连加息 7 次，从而引发大跌；15 年后，在 2002—2003 年发生禽流感令股市大跌；22.5 年后，即 2009 年，金融海啸令恒生指数跌到谷底；而 30 年后，正是 2017 年。如果以其他重要的年份开始按江恩分割推算，同样都会推算到 2017 年，如 2009 年的 7.5 年后，即 2016.5 年；2003 年加 15 年即 2018 年。

如果我们将同样的方法套在中国房地产周期上，利用中国重要的两个经济拐点时间，1978 年改革开放，及 1998 年城镇化住房制度改革。

1978 年的 15 年后，1993 年发生了海南地产泡沫，其后 1998 年（20

年）、2008 年（30 年）都是中国房地产市场重要的转折点，这些年都是外围发生经济危机从而影响了中国的经济，也影响了房地产市场，但同时也为房地产市场带来转机。如 1998 年实施的一项城镇住房制度改革，确定改革的方向为城镇住房的市场化、货币化、商品化，令住宅产业成为中国内地新的经济增长点和支柱产业。

通过回顾过去，我们不难发现当时间点到了，相关的事件就会发生。过去 30 年，当遇及江恩的 30 年周期，中国的房地产价格便会出现拐点。由另一起点 1998 年起步，同样在 2005 年（7.5 年）、2008 年（10 年）发生了转势……那么到 2018 年、2020 年，将可能是楼市转势的年份。同样方法，假如我们从 1949 年开始利用江恩 30 年周期理论去推，第 60 年就是 2009 年，第 70 年就是 2019 年。

所以笔者相信 2019 年很大机会中国的股市会见底。

而我曾展示过江恩记念日的手段。如上证指数在 2007 年高位见顶后，362 天之后见底，2008 年后 362 天之后再见顶。

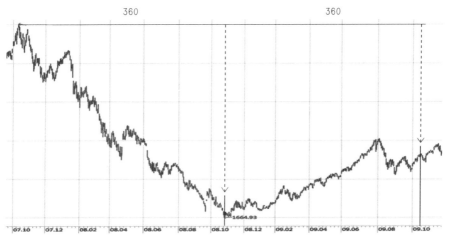

图 A2—7　上证指数日线图（2007—2009 年）

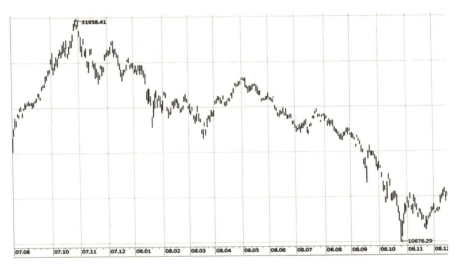

图 A2-8　恒生指数日线图（2007—2008 年）

利用同样的周期分割方法，我们也可以得出 2007 年恒生指数见顶后的 360 天见底。套用这个方法，恒生指数及上证指数很有可能会在 2019 年 1 月至 2 月左右会出现一个重要的买点，而第二个时间点在 2019 年 4—6 月。

那明年（2019 年）的投资方向是什么？笔者认为 2019 年中国政府很大机会会加大财政支出拉动经济发展，如减税、基建等。同样经过这波的回调后，基本上大部份股票都落入保险机构及外资手中，2019 年 6 月之后 MSCI 再进一步扩大比重，这会使中国股市更加理性及平稳地走出上升的牛市走势，直到 2020—2021 年。

笔者认为这波的投资逻辑主要是大盘股，以白马股、蓝筹股为主，特别是高分红、有稳定业绩，及近年低估值的股份。如银行、保险等都是非常好的标的。或者之后几年，大家关注的不是上证指数，而是上证 50 指数至沪深 300 指数的股份。而上证 50 指数至沪深 300 指数 ETF 绝对是投资组合的必须配备。

后记：

2018 年 11 月，笔者运用江恩 30 年循环周期理论对中国股市进行了预测。文章发表之后，上证指数在 2019 年 1 月 4 日下探 2440.91，随后 3 个月一度上涨到 3288.45。2020 年 2、3 月上证指数两度下探 2600 多点筑底后，一路上涨到阶段高点 3458 点。至此，坊间主流观点认为 A 股已处于牛市。

（本文在 2018 年 11 月 27 日发表于《智通财经》网站）

预测实战案例：

A 股牛市乐观可见 3500—4235 点

2018 年 11 月 27 日，笔者在《A 股三年之内再见牛市》一文中提到，"笔者认为这波的投资逻辑主要是大盘股，以白马股、蓝筹股为主，特别是高分红、有稳定业绩，及近年低估值的股份。如银行、保险等都是非常好的标的。或者之后几年，大家关注的不是上证指数，而是上证 50 指数至沪深 300 指数的股份。而上证 50 指数至沪深 300 指数 ETF 绝对是投资组合的必须配备。"在该文中亦提出了恒生指数及上证指数很有可能会在 2019 年 1 月至 2 月左右会出现一个重要的买点，而第二个时间点在 2019 年 4—6 月。实盘走势已经印证了笔者当时的预测：上证指数由 2019 年 1 月 1 日开始上升了 29.11%，上证 50 指数上升了 32.72，沪深 300 指数上升了 34.45%。

到现在（2019 年 4 月），上证指数及恒生指数都已经上升了 30%，那之后股市会如何走？

江恩曾经说过："数学是唯一精确的科学，天地之间的一切力量被赋予给掌握简单数学科学的人。"而在笔者的著作中，更提出股市是一个生命体的理论。江恩理论认为每一个指数、商品期货及股票都是独立的生命体，而这些生命体皆有自己的生命轨迹及波动。而这些轨迹皆由简单数学去统辖，股市指数亦不例外。

不难发现，上证指数和恒生指数历史上不同的高点低点都跟数学上特定的比率有一定的关系。

那上证指数呢？如果有留意笔者著作，虽然恒生指数是受开方根影响，但上证指数的密码则是 0.618 的倍数及开方根。我们利用上证指数不同的高低点作起点（如下表所列），发现各高低点都存在不同的比率关系。

表 A2-5　恒生指数历史上高点与低点的数字关系

起点	终点	数字关心
6890（1995 年 5 月）	16820（1997 年 8 月）	2.44（7 的开方）
6544（1998 年 8 月）	18397（2000 年 3 月）	2.8（8 的开方）
10917（2004 年 5 月）	31958（2007 年 10 月）	1.604（1.618 黄金比率）
31958（2007 年 10 月）	10676（2008 年 10 月）	2.99（9 的开方）
16170（2011 年 10 月）	28580（2015 年 4 月）	1.76（3 的开方）

表 A2-6　上证指数历史上高点与低点的数字关系

起点	终点	数字关心
982.45（1995 年 6 月）	6124.04（1997 年 10 月）	6.23（约为 0.618 的 10 倍）
6124.04（1997 年 10 月）	1664.92（2008 年 10 月）	3.678（约为 0.618 的 6 倍）
1664.92（2008 年 10 月）	3478.01（2009 年 8 月）	2.09（约为 4 的开方）
1849.65（2013 年 6 月）	5178.19 点（2015 年 6 月）	2.79（2.79 的开方即 1.67，约为 1.618）

表 A2-7 上证指数历史上高点与低点的数字关系

上证指数低点	江恩理论比率	目标高点
2440	1.236	3015.84
2440	1.414	3450.16
2440	1.618	3947.92
2440	1.736	4235.84
2440	2	4880
2440	2.236	5455.84
2440	2.618	6387.92
2440	3	7320

　　按表中所示，如果上证指数能突破 3450 点，有机会上摸 3947—4235 点。

图 A2-9 上证指数关键点位预测

对于上证指数乐观归乐观，还是要看股市近期走势。我们可以可见目前大盘有 4 个阻力，第一个是 3370 点，第二个是 3580 点，第三个 3970 点及 4500 点。跟上面表中用比率计算的数值接近。所以未来大盘指数最大可能是在 3370 点回调，或者在 3580 点回调。

相比 2017 年 12 月 31 日（股票质押风险相对较低）、2018 年 9 月 30 日（10 月民企纾困政策陆续出台）、2019 年 1 月 3 日（2018 年以来上证收盘价新低），伴随 2019 年初以来股票价格的上涨，当前（4 月）股票质押风险已有缓释，但在全部 A 股总市值中仍占较大比重，该风险仍需要重视。截至 2019 年 4 月 1 日，A 股市场股票质押市值为 5.54 万亿元，占当前 A 股总市值的 8.82%。有分析认为如果上证综指上行至 3500 点，股票质押风险或将大幅改善，问题可能基本解决。所以笔者认为上证指数在年内冲一波是可能的。

图 A2-10 中国十年期国债走势图

同时中国内地的 10 年期债息及香港的本月以来银行同业拆息节节上升，反映出要么资金紧张，要么股市受压。

图 A2-11 恒生指数 2019 年走势预测

上图源自笔者之前对 2019 年恒生指数走势的预测文章，现在略微修改一下。目前股市有机会在 2019 年 4 月见顶，之后在 5 月明显下跌至 6—7 月。或许到时是一个不错的买点。

而我们发现 A 股大部份权重股都已处于高位，非常接近顶部，如中国平安、招商银行及贵州茅台等。所以我们必须做出合理的仓位整理。

图 A2-12 中国平安（601318）日线图（2018.1.1—2019.4.1）

图A2-13　招商银行（600036）日线图

　　在之前的文章中，笔者曾提醒"目前读者必须留意两个时间点，包括清明节及复活节（4月19—22日）"，结果我们已经看到，上证指数、恒生指数同时都在4月5日之后见顶回调，那之后会如何走？

　　我们要留意3100点的支撑位，但如果股市走势如有机会如我们前面所说的"在4月见顶，之后在5月明显下跌至6—7月"，或许到时是一个不错的买点。所以我们认为大盘在3370点前会止步，或最乐观3500点。目前下跌也不会一口气下跌，更大可能是短线高位振荡。恒生指数及上证指数在5月的回调将会不出意外地发生。毕竟近日很多大盘股票已经超卖。复活节（4月19—22日）就是江恩转势日。

后记：

　　本文用了江恩比率的方法去计算未来大盘上升的目标价位，并套用周期方法计算之后转势时间。2020年7月，上证50指数上涨到最高点3466.63，上证指数到达3458.79点，坊间主流观点认为A股牛市趋势已经确立。

　　笔者在2018—2019年所做的预测目标逐一实现，证明这套江恩周期理论测市方法具有很强的实战性。对于后市的预测，我们将通过视频进行讲解，欢迎读者加我们的书友群，及时了解后续视频讲解的日程安排。

　　（本文在 2019 年 4 月 12 日发表于腾讯网财经频道）

延伸阅读：神奇的江恩理论

威廉·江恩，美国实战名家，与杰西·利弗莫尔并称为"华尔街双雄"。他擅长预测，精通交易，在50余年的交易生涯中，赚取了可观的财富。数十年来，他在华尔街的办公室中，在助手们的辅助下，用成千上万张手绘的图表，孜孜不倦地讲解交易的秘诀。

《江恩商品期货教程》和《江恩股票市场教程》囊括了江恩理论的核心内容，包括江恩投资法则、两日转向图、几何角度线、时间与价格成正方、江恩九方图，江恩六边形、江恩圆周图、螺旋图表、行星经度与价格变化等，是有史以来权威的股票技术经典之一。本套装附赠江恩技术讲解视频。

《江恩技术研究》是比利·琼斯继承了江恩遗留下来的大量原始资料之后，多年潜心研究江恩技术的成果，挖掘出很多江恩本人尚未公开的技术方法，被誉为"隐秘的财富之书"。

微信扫码
查看详情

《江恩自然正方形计算器》，计算器采用独特的5层叠加结构，把9*9正方形、角度测算、时间周期计量融为一体，配合走势图使用，借助可视化的校准手段，计算具体顶底和价格运动，可以适应不同市场和不同时间尺度，构成一个完美立体的江恩技术系统。您可以看到，计算器几乎精准无误地预言了趋势方向。本套装配置了江恩大师讲解说明书，以及江恩计算器技术应用的讲解光盘。

微信扫码
查看详情

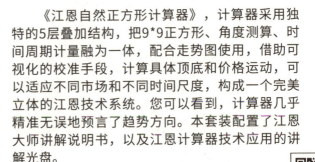

用1.8万赚100万美元的期货大师
斯坦利·克罗期货经典代表作

斯坦利·克罗被业界评为全球九大基金经理之一。1960年，克罗进入华尔街从事商品期货交易。在此后的33年里，他积累了大量的期货实战经验，取得了辉煌战绩。在交易市场赚足了钱后，克罗潜心研究经济理论及金融、投资理论，先后出版了6本专著，包括《期货交易策略》《职业期货交易者》《克罗期货技术分析新指南》《巨龙与公牛：股票和商品期货交易的获利策略》《克罗商品期货指南》《克罗期货市场投资指南》等。

《期货交易策略》内容涉及到在市场行情大动时上车，并在市场赚取暴利的策略和战术。

《职业期货交易者》克罗引领交易者一起分享他在交易中的思考过程、交易技术和决策过程。

《巨龙和公牛》展示了克罗34年交易生涯中的思想深度和超强洞察力。

微信扫码
查看详情

杰克·施瓦格系列经典

杰克·施瓦格，是保诚证券期货研究和交易策略总监，此前曾在普惠公司和美邦等华尔街领先公司担任了22年的期货研究主管，是国际期货和对冲基金领域公认的专家。

施瓦格先生著有《期货分析全书》《股市怪杰》《金融怪杰》《新金融怪杰》《对冲基金奇才》《交易策略》《商品研究局年鉴》等一系列广受好评的金融书籍。

施瓦格先生还是一名演讲者，他的演讲非常受欢迎，他曾就一系列证券分析主题进行演讲，特别关注伟大的交易者、技术分析和交易系统评估。

微信扫码订购

《股市怪杰》

这是一本美国华尔街顶级交易者们的访谈录，在本书中杰克·施瓦格深挖掘了13位出色交易者，逐一展现了顶级交易者的市场思维和操盘策略，这些交易大师的真实经历，正是我国投资者最迫切需要的市场经验。

《新金融怪杰》

本书继续记录了作者与华尔街伟大交易员之间的访谈，全新的对话阵容，更证实了伟大的交易者们都有自己确定性的核心交易理念。无论对于新手还是有经验的交易员，都能从本书中频频闪现的智慧结晶得到启发。

微信扫码订购

微信扫码订购

《施瓦格期货分析全书》

本书是施瓦格先生期货研究的集大成之作，也是其成名代表作，书中提供了坚实的期货市场基础，详尽的市场分析和预测技术，探索先进的交易理念，并展示了数百个期货实战案例，是期货交易者的"圣经"级指导教材。